La sociedad de la decepción

Gilles Lipovetsky

La sociedad
de la decepción

Entrevista con Bertrand Richard

Traducción de Antonio-Prometeo Moya

EDITORIAL ANAGRAMA
BARCELONA

Título de la edición original:
La société de déception
© Les éditions Textuel
   París, 2006

*Ouvrage publié avec le concours du Ministère français
   chargé de la culture-Centre National du Livre
Publicado con la ayuda del Ministerio francés
   de Cultura-Centro Nacional del Libro*

Ilustración: foto © DR

Primera edición en «Argumentos»: mayo 2008
Primera edición en «Compactos»: noviembre 2022

Diseño de la colección: Julio Vivas y Estudio A

© De la traducción, Antonio-Prometeo Moya, 2008

© EDITORIAL ANAGRAMA, S. A., 2008
   Pau Claris, 172
   08037 Barcelona

ISBN: 978-84-339-6509-7
Depósito Legal: B. 19028-2022

Printed in Spain

Liberdúplex, S. L. U., ctra. BV 2249, km 7,4 - Polígono Torrentfondo
08791 Sant Llorenç d'Hortons

ÍNDICE

Conocemos las «culturas de la vergüenza» y las «culturas de la culpa». Pero con
el hedonismo actual, aunado con cierto
«espíritu de la época» hecho de ansiedad
y violencia en las relaciones sociales, se
pone en marcha una auténtica maquinaria de la decepción. Los individuos se
ven ante exigencias contradictorias atizadas e histerizadas por el hiperconsumo. En contra de las ideas dominantes,
donde más se nota la decepción es en la
parte de los deseos no materiales. Explicaciones.

Los comportamientos consumistas han alcanzado la esfera política. Al mismo tiempo, el éxito de la democracia liberal ha menguado el entusiasmo por ella. De ahí una pregunta insólita: ¿no será la democracia un bien de consumo como cualquier otro? Gilles Lipovetsky sondea a la ciudadanía hipermoderna, que es capaz de combinar el abstencionismo más veleidoso con la indignación más sincera ante la sospecha de que se atacan los principios del derecho y la libertad. Regreso al código genético de nuestras democracias.

El pujante movimiento de hiperconsumo que integra y absorbe los deseos más potentes del género humano trastorna todos los puntos de referencia morales heredados, todavía operativos hace cincuenta años. De modo que luchar frontalmente contra el capitalismo consumista no parece sólo ineficaz, sino también ilusorio. Con «pasiones contra pasiones» conseguiremos mantener alejada la hidra consumista.

PREFACIO

Hubo un tiempo no muy lejano en que el pesimismo finisecular de un Arthur Schopenhauer se expresaba así: «La vida es un péndulo que oscila entre el sufrimiento y el tedio.» Des Esseintes, el célebre e inquieto héroe de *À rebours* de Joris-Karl Huysmans, paseaba su languidez en una época en que el progreso había matado el sueño, en que la democracia burguesa había socavado la revuelta, en que los jóvenes ávidos de aventuras llegaban demasiado tarde a un mundo demasiado viejo. Ya estaba en marcha la decepción para quien se contentaba con tomarse un vaso de cerveza junto a la Estación del Norte en vez de hacer un viaje de verdad a Londres, demasiado fatigoso. Al caracterizar nuestra sociedad hipermoderna como «sociedad de la decepción», ¿está Gilles Lipovetsky, analista de la hipermodernidad, demostrando algo evidente, algo que tiene ya más de un siglo y continuadores actuales, de Cioran a Houellebecq, representantes de un mismo malestar?

Evidentemente, el autor de *La era del vacío* no oculta que la decepción es en todo momento ese no-ser-del-todo, esa insatisfacción existencial que arraiga allí donde hay algo humano. Pero para añadir enseguida que la decepción moderna se ha radicalizado y multiplicado a un nivel desconocido en la historia de Occidente. ¿Por qué? ¿Somos quizá más metafísicos y más propensos al hastío que nuestros predecesores? Seguramente no. Más bien es que no vivimos íntegramente en el mismo mundo. La moda, el hedonismo, el nomadismo tecnológico y afectivo, el individualismo explorador, sostenidos y exaltados por el consumo, hilo de Ariadna de los trabajos de Gilles Lipovetsky y su clave para interpretar nuestra modernidad, nos responsabilizan de nuestra felicidad de manera creciente y al mismo tiempo nos someten a unas exigencias algo dictatoriales que saben vendernos. Cuanto más dominamos nuestro destino individual, más posibilidades tenemos de inventar nuestra vida, más accesible nos parece la armonía y más insoportable y frustrante nos parece su terca negativa a presentarse. Esto es el imperio de la decepción: esta libertad, vigente en todas las esferas de la vida humana, con fondo de rigor liberal y con la escatología por los suelos. De aquí la «fatiga de ser uno mismo», las tasas de suicidio en alza, las depresiones, las adicciones de toda índole... De esta configuración surge básicamente una tendencia, no tanto al cinismo cuanto a una forma de pasotismo endurecido y sombrío que nos convierte en los niños mimados de las sociedades de la abundancia. Con tanto consumir acabaremos consumiendo también los bienes materiales y espirituales que muchas otras generaciones de seres humanos se esforzaron por conseguir. Entre el incesante despilfarro de unos y la tranquila indiferencia a la democracia de otros, ya no seremos dignos de las conquistas de nuestros predecesores. Pero en Gilles Lipovetsky no se encontrará ninguna interpretación moralizante o metafísica de esta era de la decepción, sino una agudeza pascaliana para distinguir cuáles son sus competencias, sus ambivalencias y también sus imprevistos. Es una tentación, sin duda, sentar al ultraconsumo en el banquillo por esta nuestra agresiva y decepcionante manera de entender la oposición clásica entre el materialismo malo y la salvación por las cosas del alma y el espíritu...

Manera también de eludir el análisis concreto de la porción de nuestra época que no es atribuible a una sola identidad: pues ¿qué pensar, dentro de una lógica puramente despectiva de la modernidad, de la explosión actual del volunta-

11

riado y las asociaciones, por ejemplo? Y lo que hoy nos decepciona, nos dice Gilles Lipovetsky, no son forzosamente los bienes materiales. Un frigorífico no tiene vida y por poco que cumpla su misión satisfactoriamente seguirá siendo él mismo y no decepcionará. ¿Se deberá la amargura a la comparación con las posesiones de otro? Esto ya no es tan matemático y se puede sentir tanto placer en comprar un Logan como un exquisito Jaguar. No, nos decepcionan mucho más los servicios públicos, los productos culturales –siempre nos «decepciona» tal o cual película, tal o cual libro–, y los misterios insondables del amor, de la sexualidad, la intensidad vibratoria de nuestras existencias, a menudo obstaculizada. Lo que nos toca lo más inmaterial, lo más específicamente humano, eso es lo que nos hace derramar lágrimas. ¿Y cómo no sentirnos decepcionados, heridos, dolidos con nuestras laboriosas democracias, cuando, pese a tener por «código genético» los derechos humanos, dejan tantos sufrimientos intactos?

Gilles Lipovetsky navega por este laberinto guardándose mucho de juzgar. Este pensador atípico, al margen de las guerras de ideas, al que aburren los sistemas y al que las sutilezas del pensamiento puro dejan estupefacto, busca en los hechos los rasgos elementales de nuestra existencia real. En los últimos años su método ha adquirido una innegable sensibilidad a lo que frustra, a lo que malogra, a lo que melancoliza la vida, y eso que se le venía reprochando que era un optimista a machamartillo. Es cierto que empezó a escribir, en 1983, con la voluntad de oponerse (para contrarrestarlas) a las escuelas de la sospecha que estaban en boga cuando estudiaba filosofía. Es cierto asimismo que este sibarita que se pasea por las ciudades observando la publicidad, a las mujeres, las modas, la variedad de comportamientos y placeres de unos y otros, ha pensado siempre que en nuestras opciones y en nuestros actos había muchísima más libertad de lo que querrían reconocer los hermeneutas de la dominación. De todos modos, su trabajo ha consistido siempre en desenterrar los detalles a menudo contradictorios de nuestras existencias, aunque sea a costa del aparato teórico, que le trae sin cuidado. Y ahí está el hecho de que la era del consumo, del «hiperconsumo», como dice él, ha modificado nuestra vida infinitamente más que todas las filosofías del siglo XX juntas. Para bien o para mal. Para bien porque, según él, en su funcionamiento hay mucho más liberalismo que en todas las actividades de los movimientos antipublicidad, ya que, por ejemplo, nos libera de la dictadura de las marcas organizando el *low cost;* para mal, porque hoy todo o casi todo se juzga con esquemas que son los del consumo: relación calidad/

precio, satisfacción/desagrado, competición/arrinconamiento. Y la verdad es que nada de esto nos hace más felices. Pero como no podrá haber «fin de la Historia», y para Gilles Lipovetsky menos que para los demás, es lícito trabajar para que la fiebre consumista, los excesos que le son propios, no sean más que una indisposición pasajera de la humanidad.

BERTRAND RICHARD

LA ESPIRAL DE LA DECEPCIÓN

Gilles Lipovetsky, a juzgar por la acogida de sus obras y a pesar del título de la primera, La era del vacío, *parece que lo que domina en usted es el optimismo. Incluso se le ha reprochado que no se interese por los problemas de la vida social actual. Sin embargo, en sus dos últimos libros,* Los tiempos hipermodernos *y* La felicidad paradójica, *hay un pesimismo latente, como si le inquietase por dónde va el mundo. ¿Qué piensa usted?*

Quizá sea útil recordar el contexto intelectual en que escribí *La era del vacío*. A fines de los años setenta y principios de los ochenta, el marxismo estaba en el centro de la palestra intelectual. Los problemas de la «falsa conciencia», la alienación y la manipulación estaban a la orden del día. Siguiendo a otros investigadores o coincidiendo con ellos (Louis Dumont, Claude Lefort, François Furet, Marcel Gauchet, Luc Ferry, Alain Renaut), estas recetas me resultaban cada vez más inútiles para comprender el funcionamiento de las sociedades desarrolladas. La relectura de Tocqueville desempeñó aquí un papel crucial, puesto que permitía analizar la sociedad democrática e individualista como algo más que un epifenómeno sin consistencia o la expresión pura de la economía capitalista. Así, siguiendo este camino, me dediqué a descifrar la nueva configuración de las sociedades democráticas, transformadas en profundidad por lo que llamé «segunda revolución democrática».

Eso iba contra los análisis de Foucault, pero también contra los de los situacionistas, que insistían en la programación tentacular de los cuerpos y las almas.

Totalmente. Allí donde estos autores y muchos otros denunciaban, bajo las imposturas de la democracia liberal, el control totalitario de la existencia, yo destacaba el nuevo lugar del individuo-agente, la fuerza autonomizadora subjetiva impulsada por la segunda modernidad, la del consumo, el ocio, el bienestar de masas. Ya no era apropiado interpretar nuestra sociedad como una máquina de disciplina, de control y de condicionamiento generalizado, mientras la vida pri-

16

vada y pública parecía más libre, más abierta, más estructurada por las opciones y juicios individuales. Contra las escuelas de la sospecha, quise destacar el proceso de liberación del individuo, en relación con las imposiciones colectivas, que se concretaba en la liberación sexual, la emancipación de las costumbres, la ruptura del compromiso ideológico, la vida «a la carta». El hedonismo de la sociedad de consumo había sacudido los cimientos del orden autoritario, disciplinario y moralista: *La era del vacío* proponía un esquema interpretativo de esta «corriente de aire fresco», de esta «descrispación» –término giscardiano–, que se observaba en las formas de vida, en la educación, en los papeles sexuales, en la relación con la política. De ahí la impresión de optimismo que produjo este primer libro, y los que le siguieron.

En otras palabras, por oponerse a las escuelas de la sospecha sus lectores pensaron que era usted optimista; algunos dijeron que un defensor demasiado ingenuo de la modernidad.

Sí. El optimismo que se me atribuyó procedía de análisis que rechazaban las cantilenas de la alienación y el control programado de la vida por el capitalismo burocrático.

¿Fue una impresión falsa?

No, en absoluto. Pero a los lectores un poco atentos no se les escapó que la revolución individual-narcisista no era un fenómeno totalmente positivo. Si el optimismo a propósito de la aventura democrática de la libertad era real, no lo era tanto en relación con la felicidad de los individuos: basta leer las últimas páginas de *El imperio de lo efímero* para convencerse. Yo me he negado siempre a la denuncia apocalíptica, es demasiado fácil. Lo que sean las sociedades democráticas actuales no justifica, desde mi punto de vista, la demonización de que son objeto. Yo quiero teorizar una realidad plural, polidimensional, por lo demás raramente vivida, por ejemplo por sus detractores profesionales, como un infierno absoluto. Nuestro universo social nos da derecho a ser a la vez optimistas y pesimistas. No hay contradicción: todo depende de la esfera de la realidad de que se hable.

Así pues, el cambio de acento que señaló usted al principio de la entrevista es real. Se explica por dos series de fenómenos. En primer lugar, el entusiasmo liberacionista se ha esfumado: la emancipación de los individuos, ya conquistada, no hace soñar a nadie. Luego tenemos el aire de la época, caracterizado por la mundialización y la ideología de la salud; es menos ligero y está cada vez más cargado de incertidumbre e inseguridad.

El hedonismo ha perdido su estilo triunfal: de un clima progresista hemos pasado a una atmósfera de ansiedad. Se tenía la sensación de que la existencia se aligeraba: ahora todo vuelve a crisparse y a endurecerse. Tal es la «felicidad paradójica»: la sociedad del entretenimiento y el bienestar convive con la intensificación de la dificultad de vivir y del malestar subjetivo. Conviene recordar que yo no escribo libros de filosofía pura: yo sólo quiero explicar las lógicas que orquestan las transformaciones del presente social e histórico desde una perspectiva a largo plazo. No hay ninguna cultura individualista que sea inmutable, ninguna socioantropología democrática sin problemas ni etapas históricas. La época ha cambiado y mis libros acusan este cambio.

Pero ¿se trata sólo de «felicidad paradójica»? ¿No estamos de peor humor? ¿No sentimos una especie de decepción permanente en este mundo monopolizado por el hedonismo del Homo festivus, descrito por el llorado Philippe Muray?

Con el tema de la decepción pone usted el dedo en una profunda llaga de la vida en las sociedades actuales. Aprovechando la ocasión, me gustaría repasar y explorar con usted este «continente» de nuestro tiempo, tan importante como insuficientemente analizado.

Naturalmente, como muchos otros sentimientos, la decepción es una experiencia universal. Como ser deseante cuya esencia es negar lo que es –Sartre decía que el hombre no es lo que es y es lo que no es–, el hombre es un ser que espera y, por lo mismo, acaba conociendo la decepción. Deseo y decepción van juntos, y pocas veces se salva la distancia que hay entre la espera y lo real, entre el principio del placer y el principio de realidad. Pero aunque la decepción forma parte de la condición humana, es preciso observar que la civilización moderna, individualista y democrática, le ha dado un peso y un relieve excepcionales, un área psicológica y social sin precedentes históricos. Los filósofos pesimistas de los dos últimos siglos (Schopenhauer, Cioran) niegan la posibilidad de la felicidad, ya que el deseo y la existencia sólo pueden conducir a una decepción infinita. De Balzac a Stendhal, de Musset a Maupassant, de Flaubert a Céline, de Chéjov a Proust, los temas del tedio, el resentimiento, la frustración, la vida malograda, las «ilusiones perdidas», los sinsabores de la existencia recorren la literatura moderna. ¿En qué otra época habría podido escribirse aquella frase inmortal de Mallarmé: «La carne es triste, ay, y ya he leído todos los libros»? Pero aún hay más: todo indica, incluso más allá del espejo de la literatura, que la edad moderna ha contribuido a precipitar las desilusiones de las clases medias, a multiplicar el número de descontentos y amargados por una realidad que no puede coincidir con los ideales democráticos. Se ha salvado otra etapa suplementaria, ya ningún grupo social está a salvo de la catarata de decepciones. Mientras que las sociedades tradicionales, que enmarcaban estrictamente los deseos y las aspiraciones, consiguieron limitar el alcance de la decepción, las sociedades hipermodernas aparecen como sociedades de *inflación decepcionante*. Cuando se promete la felicidad a todos y se anuncian placeres en cada esquina, la vida cotidiana es una dura prueba. Más aún cuando la «calidad de vida» en todos los ámbitos (pareja, sexualidad, alimentación, hábitat, entorno, ocio, etc.) es hoy el nuevo horizonte de espera de los individuos. ¿Cómo escapar a la escalada de la decepción en el momento del «cero defectos» generalizado? Cuanto más aumentan las exigencias de mayor bienestar y una vida mejor, más se ensanchan las arterias de la frustración. Los valores hedonistas, la superoferta, los ideales psicológicos, los ríos de información, todo esto ha dado lugar a un individuo más reflexivo, más exigente, pero también más propenso a sufrir decepciones. Después de las «culturas de la vergüenza» y de las «culturas de la culpa», como las que analizó Ruth Benedict, henos ahora en las culturas de la ansiedad, la frustración y el desengaño. La sociedad hipermoderna se caracteriza por la multiplicación y alta frecuencia de las decepciones, tanto en el aspecto público como en el privado. Tan cierto es que nuestra época se empeña en fotografiar sistemáticamente el estado de nuestros chascos mediante multitud de sondeos de opinión. El crecimiento del dominio de la decepción es contemporáneo de la medición estadística del humor de los individuos, de la cuantificación regular del optimismo y el desánimo de los empresarios y los ciudadanos, de los asalariados y los consumidores.

Según eso, ¿no será la sociedad de la decepción la cabeza de puente del desencanto moderno del mundo?

Efectivamente. El otro gran fenómeno en que se basa el concepto de civilización decepcionante es la desregulación y debilitamiento de los dispositivos de la socialización religiosa en las sociedades hiperindividualistas. Es sabido que la religión no ha impedido jamás las angustias de la amargura, pero nadie negará que, en su momento de preponderancia, consiguió crear un refugio, un puerto de acogida, un sostén sólido para las penalidades de la existencia. Aunque la fe en Dios no desaparezca, todo indica que la religión ya no tiene la misma capacidad consolado-

ra. Sólo el 18% de los franceses cree «totalmente» en el cielo y el 29% en la vida eterna; sólo
dice rezar habitualmente el 20%; la costumbre
de rezar habitualmente en la franja de los 18-24
años ha bajado al 10%. Ante la decepción los individuos no disponen ya de hábitos religiosos ni
de creencias «llaves en mano» capaces de aliviar
sus dolores y resentimientos. Hoy cada cual ha
de buscar su propia tabla de salvación, con de-
crecientes ayudas y consuelos por parte de la relación con lo sagrado. La sociedad hipermoderna
es la que multiplica las ocasiones de experimentar decepción sin ofrecer ya dispositivos «institu-
cionalizados» para remediarlo. Pero evitemos un
malentendido: con la idea de sociedad de la decepción no estoy sugiriendo una época de des-
moralización infinita. Aunque abundan las frustraciones, tampoco faltan razones para esperar.
La desagradable experiencia de la desilusión se
difunde sobre el telón de fondo de una cultura
desbordante de proyectos y placeres cotidianos.
Cuanto más se multiplican las vivencias decepcionantes, más numerosas son las invitaciones a
no quedarse quietos y las ocasiones de distraerse
y gozar. Para combatir la decepción, las sociedades tradicionales tenían el consuelo religioso; las
sociedades hipermodernas utilizan de cortafuegos
la incitación incesante a consumir, a gozar, a
cambiar. Tras las «técnicas» reguladas colectiva-

mente por el mundo de la religión, han llegado las «medicaciones» diversificadas y desreguladas del universo individualista en régimen de auto-servicio.

¿Qué grandes herramientas teóricas hay para descifrar la decepción propia de los Modernos?

En el siglo XIX hubo dos grandes pensadores que subrayaron la expansión y la nueva fisonomía de la decepción vigente en los tiempos modernos. Para Alexis de Tocqueville, el autor de *La democracia en América*, la abolición de las prerrogativas de nacimiento fomentó el deseo de elevarse, de salir de la propia condición, de adquirir sin cesar nuevos bienes materiales, reputación y poder: la igualdad de condiciones transformó la ambición en un sentimiento universal e insaciable. Pero con la apertura de nuevas esperanzas se multiplican las frustraciones y las envidias: los individuos se sienten heridos por las desigualdades más nimias, nadie soporta que el vecino tenga más que uno. Los goces materiales son numerosos, pero más lo son los sentimientos de desdicha que producen los goces ajenos. De este modo, nos dice Tocqueville, el aumento de los bienes materiales, lejos de reducir el descontento de los hombres, tiende a elevarlo. Crecen la insatisfacción y la frustración, mientras que las desigualdades pierden terreno y se difunden las riquezas materiales. Por este motivo, en las sociedades igualitarias «se frustran más a menudo las esperanzas y los deseos, se agitan e inquietan más las almas y se agudizan las preocupaciones» *(La democracia en América,* 1835-1840).

También Émile Durkheim puso de relieve el alcance de la decepción y el descontento en las modernas sociedades individualistas, que, a causa de su movilidad y su anomia, ya no ponen límites a los deseos. En las sociedades antiguas, los individuos vivían en armonía con su condición social y no deseaban más que lo que podían esperar legítimamente: en consecuencia, las decepciones y las insatisfacciones no pasaban de cierto umbral. Muy distintas son las sociedades modernas, en las que los individuos ya no saben qué es posible y qué no, qué aspiraciones son legítimas y cuáles excesivas: «soñamos con lo imposible». Al no estar ya sujetos por normas sociales estrictas, los apetitos se disparan, los individuos ya no están dispuestos a resignarse como antes y ya no se contentan con su suerte. Todos quieren superar la situación en que se encuentran, conocer goces y sensaciones renovadas. Al buscar la felicidad cada vez más lejos, al exigir siempre más, el individuo queda indefenso ante las amarguras del presente y ante los sueños incumplidos: «Continuamente se conciben y frustran esperanzas que dejan tras de sí una impresión de cansancio y desencanto» *(El suicidio)*. Allí donde Tocqueville veía el aumento de la decepción en el seno de una sociedad que favorecía «los pequeños placeres tranquilos y permitidos», Durkheim se fija en la «enfermedad del infinito» *(ibid.)*, que, desencadenada por la pérdida de autoridad de las normas sociales, genera una profunda decepción.

¿Qué nos permite hoy diagnosticar el crecimiento de la decepción?

A la escala de la historia secular de la modernidad, el momento actual se caracteriza por la desutopización o la desmitificación del futuro. La modernidad triunfante se ha confundido con un desatado optimismo histórico, con una fe inquebrantable en la marcha irreversible y continua hacia una «edad de oro» prometida por la dinámica de la ciencia y la técnica, de la razón o la revolución. En esta visión progresista, el futuro se concibe siempre como superior al presente, y las grandes filosofías de la historia, de Turgot a Condorcet, de Hegel a Spencer, han partido de la idea de que la historia avanza necesariamente para garantizar la libertad y la felicidad del género humano. Como usted sabe, las tragedias del siglo XX, y en la actualidad, los nuevos peligros tecnológicos y ecológicos han propinado golpes

26

muy serios a esta creencia en un futuro incesantemente mejor. Estas dudas engendraron la concepción de la posmodernidad como desencanto ideológico y pérdida de la credibilidad de los sistemas progresistas. Dado que se prolongan las esperas democráticas de justicia y bienestar, en nuestra época prosperan el desasosiego y el desengaño, la decepción y la angustia. ¿Y si el futuro fuera peor que el pasado? En este contexto, la creencia de que la siguiente generación vivirá mejor que la de sus padres anda de capa caída. En 2004, el 60% de los franceses se mostraba optimista respecto de su futuro, pero sólo el 34% tenía la misma confianza en el de sus hijos. No olvidemos, sin embargo, que este pesimismo no es irresistible: el 80% de los estadounidenses cree que sus hijos vivirán por lo menos al mismo nivel que sus padres.

Nuestra época está pues caracterizada por la desaparición de las grandes utopías futuristas. ¿No cree que habría que hablar, hoy más que nunca, de las «desilusiones del progreso», que decía Raymond Aron?

La ciencia y la técnica alimentaban la esperanza de un progreso irreversible y continuo: hoy despiertan la duda y la inquietud con la destrucción de los grandes equilibrios ecológicos y con

27

las amenazas de las industrias transgénicas. La caída del muro de Berlín y el librecambismo planetario debían traer crecimiento, estabilidad, reducción de la pobreza. El resultado ha sido, sobre todo en África, en América Latina y otros lugares, el aumento de la miseria y el estallido de crisis económicas y financieras. En cuanto a la rica Europa, hay paro crónico de masas y más precariedad en los empleos. Los derechos sociales protegían desde siempre mejor a los trabajadores: hoy vemos las sacudidas del Estado-providencia, la reducción de la protección social, el cuestionamiento de las conquistas sociales. Se pensaba que las desigualdades se reducirían progresivamente en virtud de una especie de «tendencia a la media» de la sociedad: pero las desigualdades aumentan, la movilidad social disminuye, el ascensor social está averiado. Por todas partes reaparecen los extremos y se fortalecen, entre los más despojados e incluso en ciertos sectores de la clase media, con la sensación de desclasamiento social, de fragilización del nivel de vida, de una forma nueva de marginación. La lógica del «mejor todavía» ha sido sustituida por la desorientación, el miedo, la decepción del «cada vez menos». En toda Europa crece la impresión de que las promesas del progreso no se han cumplido. En Asia, la mundialización se recibe con confianza en el futuro. No así en Europa, y menos en

Francia, donde las desregulaciones liberales generan descontento y decepción, miedo y a veces revuelta.

Usted ha escrito algo terrible en La felicidad paradójica: *«Una de las ironías de la época es que los excluidos del consumo también son una especie de hiperconsumidores.» ¿Qué conclusión hay que sacar de esto? ¿Que el consumo sobrecargado acultura, castra, ahoga toda posibilidad de revuelta?*

La pobreza de nuestros días no es la del pasado. Antaño, los desheredados lo eran casi de nacimiento. Hoy ya no ocurre así. Todo o casi todo el mundo vive en un contexto de apremio de las necesidades y de bienestar, todo el mundo aspira a participar en el orbe del consumo, el ocio y las marcas. Todos, al menos en espíritu, nos hemos vuelto hiperconsumidores. Los educados en un cosmos consumista y que no pueden tener acceso a él viven su situación sintiéndose frustrados, humillados y fracasados. Solicitar ayudas sociales, economizar lo esencial, privarse de todo, vivir con la angustia de no llegar a fin de mes: aquí, la idea de decepción es sin duda insuficiente, dado que se conjuga con vergüenza y autorreproche. La civilización del bienestar de masas ha hecho desaparecer la pobreza absoluta, pero ha aumentado la pobreza interior, la sensación de subsistir, de sub-existir, entre quienes no participan en la «fiesta» consumista prometida a todos.

En cuanto a la revuelta «castrada», ya se hablaba de ella en los años sesenta. Marcuse decía que el consumo había conseguido integrar a la clase obrera creando un hombre unidimensional que no se oponía ya al orden de la sociedad capitalista. Sin embargo, este análisis presenta dificultades. En primer lugar, vuelven las denuncias radicales del mercado y de la técnica. A continuación, que la idea de ruptura revolucionaria ya no es creíble, pero no por eso se ha embotado en absoluto la capacidad de crítica social. La verdad es que se ha generalizado en el conjunto de esferas de la vida social. Matrimonio entre homosexuales, la droga, las madres de alquiler, la alimentación, las modalidades de consumo, los programas de televisión, el velo islámico, la construcción europea, el trabajo dominical; ¿qué dominio escapa ya al cuestionamiento y la disensión? Aunque la perspectiva revolucionaria no esté ya vigente, la unanimidad en las opiniones no es lo que nos amenaza.

Al margen de las heridas infligidas por el sub-consumo, ¿no recibe también frontalmente el universo laboral la onda expansiva de la decepción?

30

No cuesta imaginar el resentimiento de los jóvenes que están inactivos durante años o que van de miniempleo en miniempleo, de cursillo en cursillo, sin acceso a la sociedad de hiperconsumo y, en definitiva, sin ganarse la propia estima. En el otro extremo de la existencia, con el paro perpetuo de personas de más de cincuenta años, observamos también mucha decepción: ¿cómo no estar amargados cuando nos sentimos «tirados después de usados», cuando nos hemos vuelto «inservibles», inútiles para el mundo? Ante esto los individuos se sienten humillados y fracasados a nivel personal, allí donde antaño estas situaciones se vivían como destino de clase. Hoy, el éxito o el fracaso se remiten a la responsabilidad del individuo. De pronto, la vida entera se nos presenta como un gran desbarajuste, con el sufrimiento moral de no estar a la altura de la tarea de construirnos solos.

Por lo demás, ni siquiera los que tienen trabajo están totalmente libres de desilusión. Muchos estudios señalan actualmente la presencia de «depresiones» entre los directivos: están estresados y se han vuelto escépticos, descontentos e indiferentes: ellos son los nuevos decepcionados de la empresa. Los que tienen título distan de ocupar puestos a la altura de sus ambiciones. Al mismo tiempo, aumenta el número de asalariados que se quejan de no ser debidamente valorados por sus superiores y de no ser respetados por los usuarios y los clientes. En la actualidad, la «falta de reconocimiento» figura en segundo lugar (detrás de las presiones por la eficacia y los resultados) como factor de riesgo de la salud mental del individuo en el trabajo. El aumento de la decepción no deriva mecánicamente de los despidos, las deslocalizaciones o la gestión estresante del potencial de cada individuo: arraiga igualmente en los ideales individualistas de plenitud personal, vehiculados a gran escala por la sociedad de hiperconsumo. El ideal de bienestar ya no se refiere sólo a lo material: ha ganado el pulso en la propia vida profesional, que debe llevar a buen término las promesas de realización personal. Ya no basta con ganarse la vida, hay que ejercer un trabajo que guste, rico en contactos, con «buen ambiente». De aquí el creciente desfase entre las aspiraciones a la realización de uno mismo y una realidad profesional a menudo estresante, ofensiva o fastidiosa. A medida que se destradicionaliza, la actividad profesional se vuelve una esfera más decepcionante, aunque los asalariados no acaben de reconocerlo. Casi todos dicen que son «felices en el trabajo» y que «confían en la empresa», pero, mira por dónde, creen que los demás se sienten infelices e insatisfechos.

¿Diría usted que el fracaso de las filosofías morales de la felicidad es más responsable de la decep-

ción que el endurecimiento neoliberal al que se enfrentan los individuos?

Los dos fenómenos se conjugan juntos y se potencian entre sí. La exigencia de realizarse y ser felices se intensifica incluso cuando las dificultades objetivas aumentan un punto. Bajo el efecto de esta confluencia, la decepción es una experiencia que se extiende.

El neoliberalismo no es el único generador de decepción, también tenemos el sistema escolar. Crece la convicción de que la escuela ya no permite ascender en la escala social, que los títulos ya no garantizan la obtención de un empleo de calidad. Y a veces, cuando se procede de un barrio difícil, los títulos ya no permiten tener empleo de ninguna clase.

La verdad es que esa idea carece de fundamento sólido, porque los titulados tienen más oportunidades de introducirse en la vida profesional que los que carecen de referencias académicas. Sin embargo, es innegable que hoy los títulos no permiten tanto como durante la Treintena Gloriosa [1945-1973] acceder a los empleos que sería lícito pretender. Cada vez es menos segura la concordancia entre el título y el nivel del empleo. Hasta los años sesenta, la escuela de la República y la prolongación de la escolaridad crearon una esperanza de promoción social entre las capas menos favorecidas. Esta dinámica se ha encasquillado. El éxito escolar y la selección de élites siguen estando determinados en amplísima medida por el origen social. Sólo una pequeña fracción de hijos de inmigrantes consigue entrar en la universidad. De aquí la pérdida de confianza y las desilusiones en relación con la escuela, que no llega o apenas llega a cumplir su papel de correctora de desigualdades y agente de movilidad social. En la base de la escala social, muchos jóvenes se preguntan por qué estudiar una carrera si ésta no permite obtener un empleo correspondiente a sus esperanzas y ellos están condenados al paro y a los salarios de hambre. La institución, que antaño era portadora de un proyecto igualitario y de promoción social, ya no lo es. Cada año salen del sistema escolar 160.000 jóvenes sin ninguna clase de título o calificación. Entre el 20 % y el 35 % de los jóvenes de sexto curso no sabe leer y escribir bien. La probabilidad de que los niños procedentes de las capas populares sean directivos es cada vez menor. El problema es tan grave como escandaloso: la escuela es hoy el centro de la decepción.

Una especie de «melancolía del saber», por utilizar la expresión del novelista Michel Rio, que hace que se mire más hacia el pasado, hacia la es-

cuela de la Tercera República, que hacia la reforma
de la escuela actual.

En efecto. Pero las razones no son sólo escolares. Antes, la escuela, pero también el ejército, la República, estaban a la altura del proyecto político de integración nacional de las diferentes poblaciones inmigrantes. Este modelo funcionaba, era capaz de despertar el deseo de ser francés, el orgullo de ser francés..., como mi abuelo, que llegó de Rusia. Nosotros estamos en otro plano: el sentimiento de ser parte de una nación decrece entre los jóvenes, mientras que aumentan los particularismos religiosos y localistas. La máquina de integrar, de hacer que los franceses se sientan felices de serlo, se ha averiado. ¿Cómo aislar este fenómeno de la agudización de la precariedad del empleo y de la degradación de la situación económica y social? El paro de los jóvenes y de sus padres crea sentimientos de injusticia y marginación. Los jóvenes de la periferia están en cierto modo hiperintegrados en nuestra sociedad, por su aspiración a gozar de las ventajas de este mundo. No tienen alma de inmigrante, en absoluto: formados por el universo consumista, comparten sus sueños. Mientras tanto viven en el infierno de una cotidianidad hecha de frustraciones: por eso unos caen en la violencia y la delincuencia y a otros les tienta el repliegue identitario, incluso el islamismo radical, que funcionan como instrumentos de reconocimiento y afirmación de uno mismo. Caben pocas dudas al respecto: en la sociedad hiperindividualista, la integración en la comunidad nacional exige como condición imprescindible la integración por el trabajo. Pero condición imprescindible no significa condición suficiente en una época en que se consolidan la negación de todas las formas de depreciación de uno mismo y la necesidad de reconocimiento público de las diferencias locales. Para volver a poner en marcha la máquina integradora, harán falta, al margen del crecimiento sostenido, políticas que tengan en cuenta, de un modo u otro, la cuestión de la diversidad etnocultural: en pocas palabras, promover medidas para remediar las prácticas discriminatorias de que son objeto las minorías visibles en las empresas, los medios, los partidos políticos. También hará falta, en el ámbito educativo, fomentar las becas y los dispositivos de sostén que permitan a los «marginados» y a los jóvenes de familias inmigrantes tener un mayor acceso a la mejor educación. No habrá integración sin una política justa hacia las minorías visibles, sin acciones decididas que aumenten la igualdad de oportunidades.

Pese a todo, ¿no es la vida privada el lugar favorito de la espiral de la decepción?

36

En las sociedades dominadas por la individuación extrema, la esfera de la intimidad es la
que sufre la decepción de manera más inmediata
e intensa. Pensemos en el término «decepción»:
se vincula sobre todo con la vida sentimental.
Nuestras grandes desilusiones y frustraciones son
mucho más afectivas que políticas o consumistas.
¿Quién no ha vivido esta torturante experiencia?
El estrecho vínculo del amor con la decepción no
es nada nuevo, evidentemente. Lo nuevo es la
multiplicación de las experiencias amorosas en el
curso de la vida. No es que nos desengañemos
más que antes: es que nos desengañamos más a
menudo.

   ¿Cómo se explica que la decepción esté todavía asociada hasta este punto a la vida sentimental? Hay que olvidarse de ese lugar común
que dice que las relaciones comerciales han conseguido fagocitar todas las dimensiones de la vida,
incluidos los sentimientos y el amor, una vieja
idea que se encuentra ya claramente formulada en
Marx. En realidad, no hay nada más inexacto: el
amor no deja de celebrarse en la vida cotidiana,
en las canciones, el cine, la televisión, las revistas.
Si el utilitarismo comercial progresa, lo mismo le
ocurre a la sentimentalización del mundo. Ya no
hay matrimonios por interés, sólo el amor une a
la pareja; las mujeres sueñan todavía con el Prín-
cipe Azul y los hombres con el amor; se sigue

obrando de manera desinteresada con los hijos y se les quiere más que nunca. Para muchos de nosotros, el amor sigue siendo la experiencia más deseable, la que mejor representa la «verdadera vida». Los hechos están ahí: la comercialización de las formas de vida no comporta en absoluto la descalificación de los valores afectivos y desinteresados. Lejos de ser una antigualla, la valoración del amor es el correlato de la cultura de la autonomía individual, que rechaza las prescripciones colectivas que niegan el derecho a la búsqueda personal de la felicidad. Con la dinámica individualizadora, todos quieren ser reconocidos, valorados, preferidos a los demás, deseados por sí mismos y no comparados con seres anónimos e «intercambiables». Si adjudicamos tanto valor al amor es, entre otras cosas, porque responde a las necesidades narcisistas de los individuos para valorarse como personas únicas.

Pero precisamente por brillar en el firmamento de los valores, el amor genera con frecuencia lacerantes decepciones. Llega un momento en que deja de haber «encandilamiento» y se apagan las perfecciones y los encantos que adornaban al otro. ¿Qué idealización, qué sueño puede durar indefinidamente entre la imperfección de las personas y la repetición de los días? Poco a poco descubrimos aspectos del otro que no nos gustan y nos ofenden. El amor no es sólo ciego; también es frágil y fugitivo. Las personas que aman en determinado momento dejan de amar porque los sentimientos no son objetos inmutables y las personas no evolucionan de manera sincrónica. Lo que era euforia se vuelve aburrimiento o desánimo, incomprensión o irritación, drama con su ración de amargura y a veces de odio. Las separaciones, los divorcios, los conflictos por la custodia de los hijos, la falta de comunicación íntima, las depresiones que surgen de ahí, todo esto ilustra las desilusiones engendradas por la vida sentimental. En este sentido hay que escuchar a Rousseau: dado que el hombre es un ser incompleto, incapaz de bastarse solo, necesita a otros para realizarse. Pero si la felicidad depende de otros, entonces el hombre está inevitablemente condenado a una «felicidad frágil». Depositamos en el otro esperanzas tremendas, pero el otro se nos escapa, no lo poseemos, cambia y nosotros cambiamos. Así, cada cual ve burladas sus mejores esperanzas.

Es convincente lo que dice usted del amor, pero de todos modos, ¿no es patente que la lógica del consumo influye en la lógica de la construcción del amor? El imperativo perfeccionista, las cualidades de las que hay que jactarse, ¿no nos transforma todo esto en «partículas» del mercado de la competencia amorosa y sexual, como ha señalado Michel Houe-

llebecq, entre otros? El sentimiento se mantiene, es verdad, pero su forma de expresión ¿no se ha perdido, o quizá debería decir modificado?

Desde la década de 1950, los mejores observadores advirtieron que la vida sexual era ya una esfera estructurada como el consumo. Podría decirse pues, con más exactitud, que no vamos de experiencia sexual en experiencia sexual, sino de experiencia amorosa en experiencia amorosa. En cierto sentido, esta *turn over* [rotación] afectiva concuerda con la lógica de la renovación perpetua del hiperconsumo. Pero la vida amorosa no se mueve por los mismos resortes afectivos, ya que ahí se aloja la esperanza del «para siempre», así como los comportamientos «desinteresados». A pesar de todo lo que ha cambiado, la relación amorosa no es equivalente a las relaciones que tenemos con los servicios y las mercancías. En el consumo, el cambio continuo se vive con alegría; en la vida amorosa, se vive como fracaso.

Se espera mucho del otro. ¿Quizá demasiado?

Es posible, pero no por eso hay que elogiar un ideal de vida autárquico e indiferente a los demás. Si alguna cosa es deseable, no es prescindir de los demás, sino tener algo que demandarles, aunque sea poco. Esto es más fácil de decir que de hacer.

Esto plantea el tema del funcionamiento de la economía del deseo. Antoine Compagnon, en Les Cinq Paradoxes de la modernité, *una reflexión centrada en el campo estético, dice que la modernidad ha terminado por amar lo nuevo en arte no por el contenido que esto nuevo pueda aportar, sino por la novedad como tal. ¿No se reproduce esto en el campo sentimental y sexual, en una especie de deseo sin fin?*

Yo diría que no. La verdad es que el culto a lo nuevo, en el dominio sexual, está en declive. En la prensa femenina hay muchos artículos alrededor del tema «ya no hay hombres». El cine y la literatura ya no recurren tanto a la figura de Don Juan. Se ve menos la inclinación masculina a buscar aventuras fáciles. Los jóvenes viven muy pronto en pareja. Es como si la conquista de mujeres fuera menos prioritario, menos identitario, en una cultura que privilegia la atención a uno mismo, la relación, la comunicación intimista. Ya no hay obsesión por la cantidad, importa mucho más la calidad del sentimiento, el entendimiento, la complicidad, los proyectos compartidos con otro. En la hora del hiperindividualismo valoramos menos la experiencia por la experiencia que lo «experiencial», menos la «colección» que la emoción.

¿No se vive al mismo tiempo un desencanto específicamente libidinal?

Está de moda decir que el hedonismo sexual desenfrenado se ha vuelto una obligación terrorista, fuente de tedio, desánimo e insatisfacción. Nadie ha conseguido pintar mejor que Houllebecq ese clima depresivo y de decepción que ha seguido a Mayo del 68. Nos explica que la dinámica de la economía liberal se ha anexionado la vida sexual reproduciendo en ella el mismo «horror» a la frustración, la marginación y la desigualdad. Hay una parte de verdad en este cuadro: como todos vivimos rodeados de tentaciones sexuales, lo real es forzosamente más frustrante, en particular cuando la propia vida sexual va francamente mal. Y es más problemático cuando se ha asociado la felicidad al erotismo galopante. Yo quisiera matizar un poco este enfoque tan pesimista. En primer lugar, no está ni mucho menos claro que el saldo sea negativo a día de hoy. Recordemos que tres de cada cuatro franceses afirman estar satisfechos sexualmente. En segundo lugar, el erotismo se ha vuelto más variado, más hedonista, más libre para más personas: fíjese en los homosexuales, las mujeres, los jóvenes. Y decir que los hombres están aterrorizados porque las mujeres tienen más experiencia es una exageración: la inquietud no es permanente. No es justo decir que hay un fracaso global de la revolución sexual. La decepción libidinal depende de los momentos de la vida, con sus altibajos, sus golpes de suerte y sus desgracias.

¿Es pues más antropológica que social?

Lo decepcionante no es tanto la liberación sexual como la ausencia de vida erótica, la transformación de la relación en rutina, la falta de comunicación entre las personas. En este terreno, la revolución sexual ha dado de sí todo lo que podía. No se le puede pedir que garantice el orgasmo permanente a seis mil millones de individuos. En las sociedades en que la sexualidad es libre, es inevitable que haya frustraciones e insatisfacciones. La felicidad de los sentidos no es un asunto que afecte a ningún programa político: depende, de manera inevitable, de las atracciones, las preferencias y los gustos individuales. No se puede complacer a todo el mundo y además indefinidamente.

Una pregunta más en relación con la vida privada y cuya importancia no hace sino crecer: ¿qué relación hay entre el consumo y la decepción?

Los primeros analistas del consumo de masas no dudaban en hablar de «maldición de la abundancia». Para estos teóricos, el paraíso de la mercancía produce insuficiencia y resentimiento. ¿Por qué? Porque cuanto más se incita a la gente a comprar, más insatisfacciones hay: nada más satisfacerse una necesidad, aparece otra, y este ciclo no tiene fin. Como el mercado nos atrae sin cesar con lo mejor, lo que poseemos resulta necesariamente decepcionante. La sociedad de consumo nos condena a vivir en un estado de insuficiencia perpetua, a desear siempre más de lo que podemos comprar. Se nos aparta implacablemente del estado de plenitud, se nos tiene siempre insatisfechos, amargados por todo lo que no podemos permitirnos. Se ha dicho que el sistema del consumo comercial es un poco como el tonel de las Danaides que además sabe aprovechar el descontento y la frustración de todos.

Es también la condición de su posibilidad.

La de su reactivación sí, pero ¿comporta decepción por sistema? Para responder a esta pregunta podemos remitirnos al notable libro de Albert Hirschman, *Bonheur privé, action publique* (1983), uno de los pocos que ha puesto de manifiesto los diferentes potenciales de decepción en relación con diferentes categorías de bienes comerciales.

Interesante... ¿No todas las formas de consumo poseen la misma capacidad de decepción?

Según Hirschman, los bienes realmente no duraderos (el ejemplo típico es la comida) ocupan un lugar privilegiado, en la medida en que son capaces de procurarnos placeres intensos, renovados sin cesar, a prueba de decepción. En cambio, lo característico de los bienes duraderos es comportar sistemáticamente la decepción del consumidor. Y esto porque sólo producen placer en el momento de la compra o en el de su primera utilización (frigorífico, coche, afeitadora eléctrica). En este cuadro hay un vivo conflicto entre comodidad y placer. Incluso los servicios son fuente de decepción en la medida en que su calidad suele ser inferior a las esperanzas puestas en el respectivo dominio.

En mi opinión, Hirschman exagera el potencial de decepción de los bienes de consumo duraderos. No hay por qué ponerse a hablar de decepción sólo porque el frigorífico ya no nos proporcione placer: sencillamente, no pensamos en él, ya no es más que un instrumento de confort. Nos hemos acostumbrado a él y a su utilidad, pero la decepción no es esto. Por otro lado, y Hirschman no ignora esta dimensión del problema, los objetos llamados «nómadas» o de comunicación (teléfono móvil, ordenador, cadena de música, lector de DVD, iPod...) cada vez producen menos decepción, porque son motivo de placeres renovados, estéticos o relacionales: lo que decepciona en las nuevas tecnologías no es el medio, sino el mensaje que éste transmite. Lo que no impide que se hayan multiplicado las protestas contra la vida «tecnificada»: nunca vamos suficientemente deprisa, el neoconsumidor lo quiere todo, todo inmediatamente, y la menor avería o demora le pone furioso. La hipervelocidad es ya otro motivo de irritación y descontento.

A mí me parece que para enfocar bien las cosas hay que invertir los términos del modelo interpretativo propuesto por Hirschman. Los que hoy producen muchas más insatisfacciones y decepciones son los bienes no duraderos. ¿Cómo se puede decir que la comida frena la decepción cuando no hace más que aumentar la cantidad de ciudadanos que se quejan de la mala calidad de los alimentos, de la comida basura, de la desaparición de los sabores? La alimentación se ha vuelto también fuente de ansiedad, por culpa de los transgénicos, las grasas, los azúcares, los colorantes y los tratamientos químicos que se consideran peligrosos para la salud. Hoy comemos con culpa y con temor. Primero, porque estamos informados a través de los medios que hacen de intermediarios de la ciencia: así pasamos de un comer tradicional a un comer reflexivo y cauteloso. Segundo, porque en nuestra época se ha disparado la obsesión por la delgadez y las dietas; en Estados Unidos, una cantidad elevada de mujeres afirma que su peso es el tema fundamental de su vida. Es un poco triste, pero es así.

Las marcas, el lujo, las tentaciones de la publicidad, ¿no crea este universo de sueños una montaña de decepciones?

¿Está decepcionado el consumidor porque no puede permitirse las mejores marcas? ¿Se siente humillado por pasar las vacaciones en una tienda de campaña y no en un hotel de cuatro estrellas? No lo creo. El consumidor puede encontrar innumerables satisfacciones con productos y servicios que no son los más caros, porque en materia de placer lo más importante, al menos en nuestros días, no es el precio de las cosas, sino el cambio que operan en nuestro marco de vida, su capacidad para ser novedosas, la experiencia y el simulacro de aventura que proporcionan. En términos generales, el consumo engendra más satisfacciones que decepciones, porque es una ocasión para renovar lo cotidiano, un pequeño «acontecimiento» en la rutina de los días, capaz de «rejuvenecer», en cierto modo, nuestra vida. Si el consumo comercial es menos decepcionante de lo que se suele decir, se debe a que es un instrumento privilegiado para introducir cambios en la vida y a que la novedad es uno de los principales ingredientes del placer.

¿No se le podría replicar diciendo que esas satisfacciones son artificiales o, en cualquier caso, de un nivel ontológico débil? En À rebours, *la gran obra de Huysmans, Des Esseintes, el protagonista, quiere hacer un viaje de placer a Londres, pero al final se contenta con tomarse una cerveza inglesa en la Estación del Norte. ¿No organiza el consumo hipermoderno formas parecidas de placer reducido, aminorado?*

Pero ¿qué es un placer *verdadero?* Y, como usted sabe, la diversidad humana es un hecho muy real. En materia de placer y felicidad hay que saber aceptar y comprender lo que no coincide con nuestros gustos personales. Rechazo las interpretaciones aristocráticas y moralistas que aspiran a jerarquizar las vivencias hedonistas.

Sin embargo, se le puede objetar que hay una especie de continuación del fenómeno de clases, una especie de abuso contra quienes no tienen los medios para gozar de una buena sonata, por poner un ejemplo del universo cultural.

Pero es que en el interior mismo de cada clase se puede ver ya la diversificación de los gustos. Las desigualdades sociales para acceder a la cultura son hechos innegables, pero es que hay además una dimensión individual, heterogeneidades, gustos subjetivos heteróclitos. Con la desestructuración de los modelos de clase y la individuación de las formas de vida, los comportamientos culturales son mucho más imprevisibles. Es cierto que podemos lamentar que no todas las personas sepan apreciar una obra de Haydn o de Chopin, pero no debemos exagerar la expresión de este pesar. Pues quienes no saborean estas composiciones pueden apreciar obras pictóricas, de literatura, de teatro o de cine.

¿Se despliega pues la inflación de la decepción sobre el telón de fondo de la desaparición de la sociedad de clases?

Las desigualdades en los ingresos aumentan y las diferencias sociales en las formas de vivir saltan a la vista. Pese a todo, nuestra época se distingue por una notable desestructuración de las culturas de clase: ya no hay *habitus* de clase, una forma de vida característica de los diferentes grupos sociales. Estamos en una época en que las desigualdades sociales vuelven a aumentar y en la que, al mismo tiempo, se extienden por todos los estratos de la sociedad las aspiraciones a la moda, al bienestar, al ocio. Todos quieren aprovechar todo lo que hay en el mercado, han caído las antiguas inhibiciones y resignaciones de clase. En este contexto florece una especie nueva de consumidor, el «turboconsumidor» nómada, cada vez menos enclaustrado en los antiguos territorios de clase, cada vez más imprevisible, desunificado, individuado. Este proceso de desregulación social que comporta exigencias individuales más firmes en materia de consumo es uno de los vectores de la expansión de la decepción.

¿Qué papel desempeña el otro en el orden de los consumos decepcionantes?

Produce más contrariedades el uso de los bienes públicos que el de los privados. ¿De qué se quejan más los consumidores? De los embotellamientos, de las playas atestadas, de los paisajes desfigurados por las inmobiliarias o invadidos por los turistas, del hacinamiento en los transportes públicos, del ruido de los vecinos, etc. Dicho de otro modo, lo que nutre la decepción no es tanto la comodidad privada como la incomodidad pública o la comodidad de los demás.

Como era de esperar, la decepción es más frecuente en el dominio de los servicios, en la relación con las personas. Son innumerables las quejas acerca de los profesores, la mala calidad de la asistencia técnica en Internet, la falta de interés humano de los médicos. Es lo que ha llevado a hablar de la «paradoja de la salud»: cuanto más se eleva el nivel de salud, más decepciones y descontentos se producen.

Pero no debemos perder de vista que, en otro plano, y a diferencia de lo que sucedía en el pasado, la relación con el consumo está cada vez más personalizada. Ya no compramos tanto para ganar la estima de los otros cuanto pensando en nosotros mismos, para comunicarnos, estar en forma y con buena salud, vibrar, sentir emociones, vivir experiencias sensitivas o estéticas. En este contexto, el consumo para-que-nos-vea-el-otro, típico de las sociedades de clases a la antigua, disminuye en beneficio de un consumo para-uno-mismo: el consumo individualista emocional ha ocupado el lugar del consumo exhibicionista de clase. Paralelamente, nos resentimos menos de lo que tiene el otro, porque estamos mucho más preocupados por nuestras propias experiencias. Si los primeros tiempos de la democracia favorecieron la aparición de la envidia, ya no ocurre lo mismo en la época del hiperindividualismo consumista: no se detecta a mucha gente mordiéndose los nudillos de envidia al ver el flamante coche del vecino. La envidia suscitada por los bienes no comerciales (amor, belleza, prestigio, éxito, poder) se mantiene; la suscitada por los bienes materiales está en declive.

¿Qué otros nexos hay entre el consumo y la decepción?

¿A qué se debe la escalada consumista? ¿Qué es lo que hace correr sin cesar al hiperconsumidor? ¿El poder de la oferta, del marketing y la publicidad? La explicación es insuficiente. No se puede comprender el frenesí comprador actual sin relacionarlo con los valores hedonistas de nuestra cultura y también con el aumento del malestar, con la soledad de los individuos, con los múltiples fracasos que se experimentan en la vida personal. El hiperconsumo crece como un sucedáneo de la vida a la que se aspira, funciona a la manera de un paliativo de los deseos defraudados de cada cual. Cuanto más se multiplican los desengaños y las frustraciones de la vida privada, más se dispara el consumismo como consuelo, como satisfacción compensatoria, como una forma de «levantar el ánimo». Por este motivo cabe augurar un largo porvenir a la fiebre consumista.

A propósito del capitalismo de consumo, que funciona a través de la dinámica de la novedad,

¿no hay ahí un sistema económico tremendamente adaptado al deseo humano?

El capitalismo de consumo no ha creado todas las piezas de la cultura de lo nuevo. La era democrática ha trabajado igualmente en este sentido, produciendo un hombre «destradicionalizado», deseoso de novedades y de bienestar. Ya decía Baudelaire que «la curiosidad se ha vuelto una pasión fatal, irresistible». Pero no olvidemos que los placeres humanos se han vivido durante milenios articulados en estructuras sociales y cronologías inmutables. La repetición de la tradición ancestral no impidió toda una serie de placeres más o menos intensos (juegos, bailes, fiestas dionisíacas). La moderna economía de consumo no expresa por arte de magia la verdad del deseo humano: más bien contribuye a sobreexcitarlo, a apartarlo de los dispositivos sociales repetitivos, a ponerlo en movimiento incesante.

También se lee, aquí y allá, que la decepción producida por la vida materialista y consumista está en la base de la reaparición de lo religioso y de las sabidurías tradicionales.

La verdad es que la mayoría de los nuevos acólitos no rechazan ya ascéticamente los placeres del consumo, ni siquiera los fanáticos. En la base de la reafirmación de lo religioso se encuentra más bien la caducidad de las grandes utopías universalistas, la decadencia de la fe en las grandes religiones «históricas», la disolución de las estructuras comunitarias. Privados de sistemas de sentido integrador, muchos individuos encuentran una tabla de salvación en la revaluación de espiritualidades antiguas o nuevas, capaces de ofrecer unidad, un sentido, puntos de referencia, una integración comunitaria: es lo que necesita el hombre para combatir la angustia del caos, la incertidumbre y el vacío. La reactivación de la fe deriva menos de la hipertrofia comercial que de un déficit de sentido colectivo y de integración comunitaria.

Así pues, la reaparición de nuevas «religiones emocionales» es igualmente inseparable de la decepción experimentada en el seno de las Iglesias «frías», en las tradiciones formalizadas e intelectualizadas, que no ofrecen a los individuos elementos capaces de satisfacer su búsqueda de plenitud espiritual, su necesidad de participar físicamente en la vida religiosa, su deseo de compartir sentimientos intensos. Lo que decepciona al individuo hipermoderno, ávido de vibraciones interiores, no es únicamente el consumo, sino más que nada el universo racionalizado de la modernidad, que comporta instituciones religiosas «burocratizadas» que ya no permiten el contacto inmediato, sensible, «extático» con lo divino.

En este contexto, ¿cómo se ve el consumo cultural en la civilización decepcionante?

El cambio, en relación con los años cincuenta y sesenta, es importante. Ahora se denuncian menos los objetos, pero se deplora mucho más la situación del mercado de los bienes culturales. Lo que podríamos llamar «productos de sentido» causan mucha más decepción que los bienes duraderos. No creo que podamos contar las veces que nos ha decepcionado una película, una obra de teatro, un concierto, una novela o un ensayo. No olvidemos que la televisión capta la atención de los franceses casi tres horas y media diarias y que ha generado la práctica del zapeo, que expresa ya un vago aburrimiento, una especie de minidecepción del espectador. La tele es un objeto que nos decepciona habitualmente, pero que no dejamos de mirar: estamos en contacto con ella incluso cuando no esperamos maravillas.

Algo más sobre un sector de la cultura particularmente representativo de la nueva sociedad de la decepción: el arte actual. Él es responsable de la decepción que siente una cantidad creciente de espectadores, que piensan que «eso no es arte», que no vale para nada, que no tiene interés, «sea lo que sea». Durante siglos y milenios, las obras de arte han sido motivo de admiración y delectación: en la actualidad estamos ya hartos de tantas deconstrucciones, de las instalaciones minimalistas o conceptuales, del videoarte en el que no pasa nada. Anne Cauquelin añade que el deseo de defraudar las expectativas de la opinión dominante es ya una acción voluntaria y deliberada, un instrumento reivindicado por los artistas *(Petit traité d'art contemporain,* 1996). Se advierte la novedad radical de la época: en las sociedades tradicionales, el sistema cultural estaba profundamente integrado o interiorizado (ni rechazo ni desánimo), aunque la vida material era muy difícil; lo que se ve hoy es lo contrario: las satisfacciones materiales son incontables, mientras que las decepciones culturales proliferan.

Sin embargo, las grandes exposiciones tienen mucho éxito.

Las exposiciones que atraen a cientos de miles de visitantes presentan a las figuras gloriosas y consagradas del arte: carecen de riesgos. Si alguna decepción se siente, se debe menos a las obras que a una visita echada a perder por la abundancia de visitantes. Nada que ver con el arte actual, que apenas moviliza al 1% o 2% de la población. Nos encontramos ante una situación insólita: en las sociedades tradicionales, la oferta era repetitiva, los gustos culturales uniformes, y estaban adaptados a ella. En la actualidad, el mercado multiplica la oferta mientras los gustos se diversifican, se diferencian, se singularizan: por este motivo la decepción vinculada al consumo cultural es crónica, inevitable.

Casualmente, en contra de todos los supuestos procesos de estandarización del mundo actual, usted da fe de una gran diversidad.

Todavía se toma el pantalón vaquero, la Coca-Cola o el McDonald's como ejemplos de la masificación del mundo, pero fijémonos en el cine, en la música, en los libros. El panorama es muy distinto. En 2004, las editoriales estadounidenses lanzaron al mercado alrededor de 190.000 títulos. En 2005 se publicaron 68.000 títulos en Francia (repartidos en 50% novedades, 50% reimpresiones); de Hollywood salieron casi 700 largometrajes; la producción francesa cinematográfica ascendió a 240 películas. El capitalismo hipercomercial funciona por la diversificación acelerada de la oferta, por la multiplicación incesante de la variedad de productos culturales. Lo problemático es la inflación de novedades y la reducción del tiempo de vida de las obras, no su uniformidad. Vivimos en una sociedad de sobreabundancia de ofertas y de desestabilización de las culturas de clase: y en este contexto aumenta la individuación de los gustos.

CONSAGRACIÓN Y DESENCANTO DEMOCRÁTICOS

Gilles Lipovetsky, ¿se ha «salvado» la esfera política o también ha entrado en la espiral de la decepción?

La democracia liberal es estructuralmente inseparable de la decepción, y ello, como dice Claude Lefort, por la indeterminación de la misma democracia, es decir, de un poder que no pertenece a nadie, de un poder que es objeto de una competición cuyo resultado depende de elecciones. Esta competencia pacífica por el uso del poder conduce a un cambio de gobierno o a la prorrogación del anterior. Hay pues institucionalmente ganadores y perdedores, con la consiguiente decepción de estos últimos. Por lo demás, el campo de los ganadores no está a salvo de los mañanas que desencantan. Con la «vuelta al rigor» que sobrevino dos años después del eslogan rimbaudiano «Cambiar la vida», los socialistas que votaron a François Mitterrand en 1981 tuvieron razones para sentirse traicionados. El electorado de derechas cierra hoy filas alrededor de la misma bandera ante los gobiernos de su color que no consiguen, por ejemplo, establecer servicios mínimos en los transportes públicos o liberalizar las leyes laborales. En estas condiciones, nuestra época acusa una fuerte corriente de desconfianza, de escepticismo, de falta de credibilidad de los dirigentes políticos: tres de cada cuatro franceses afirma desconfiar de los políticos. Veinte años después, crece en todo el país la pérdida de confianza en la clase política. Incapaz de cumplir sus promesas y de aportar soluciones a los problemas del paro, la inseguridad, la inmigración, el poder político se considera ineficaz, burocrático, aislado de las verdaderas preocupaciones de los ciudadanos. Este recelo hacia los responsables políticos se agrava por la convicción de que sus actos sirven básicamente a sus propios intereses, a su reelección, a la obsesión por los sondeos de popularidad. Son muchos los aspectos que nutren un desencanto político que no sólo aumenta, sino que se expresa más abiertamente que en el pasado, porque está decreciendo la influencia de los partidos sobre el electorado y la influencia de las creencias e identidades políticas de menor cohesión. Impulsados por esta desconfianza y esta decepción, los votos de castigo se multiplican: los electores quieren castigar a las clases pudientes y a los partidos gubernamentales considerados «incapaces», cínicos, aferrados a sus privilegios, sin valentía política.

«Sortez les sortants!» *¿No corren brisas de poujadismo por ahí...?**

Reaparece el populismo, la extrema derecha obtiene éxitos electorales repetidos, por toda Europa hay movimientos contestatarios que rechazan el orden establecido y a la clase política. Al mismo tiempo resurge y se trivializa el discurso xenófobo. Pero no hay que ver la realidad de hoy con el cristal del pasado: el conflicto entre los electores y los representantes elegidos ya no tiene nada en común con el que había antes de la guerra. El «todos podridos» [*consigna de los años*

* Por Pierre Poujade (1920-2003), organizador de un partido populista de derechas que participó en las elecciones generales de 1955-1956 con la consigna *«Sortez les sortants!»*, una expresión que se remonta a los tiempos de la Revolución Francesa y que era la fórmula con que se invitaba a abandonar su escaño a los representantes que terminaban su mandato *(sortants,* «salientes») y que no podían ser reelegidos; en aquel contexto significaba literalmente «salgan los salientes»; la consigna de Poujade habría que entenderla más bien en el sentido de «no volváis a votar al gobierno anterior». *(N. del T.)*

treinta] tiende a transformarse en «todos nulidades», el antiparlamentarismo ya no es violento y en ninguna parte está en peligro la salud moral de la democracia: la decepción actual es inseparable del respeto por el orden democrático pluralista. La política está desacreditada, la democracia confirmada: en la época individualista hipermoderna domina la pacificación política de las decepciones.

El abstencionismo progresa al mismo tiempo que el voto de castigo. ¿Qué ha sido entonces de la ciudadanía hipermoderna?

El abstencionismo viene aumentando desde los años ochenta: se ha instalado como un fenómeno duradero de la vida política. Una minoría no vota nunca o casi nunca, mientras que cada vez hay más electores que votan intermitentemente, en función de los escrutinios y de lo que esté en juego. Menos de un elector de cada dos votó en 2002 en las dos vueltas; dos de cada tres electores menores de veinticinco años que habían votado al menos una vez no votaban sistemáticamente. Hay que ver ahí un rasgo del neoindividualismo, que no coincide tanto con una despolitización absoluta como con una desregulación de los comportamientos electorales. Aparece un ciudadano de nuevo cuño que vota con creciente irregularidad, que participa y se moviliza cuando le apetece. El voto obligatorio ha sido reemplazado por el voto «a la carta»: el espíritu consumista se ha inmiscuido hasta en las prácticas cívicas. La negativa a votar refleja a veces descontento, decepción, desconfianza en relación con los candidatos o con el juego político. Podría expresar también falta de interés o la sensación de impotencia. Sea lo que fuere, los elevados índices de abstención contribuyen a la crisis de la representatividad democrática en la que estamos sumergidos.

¿Cómo caracterizar el reformateo de la relación con la política?

El general De Gaulle decía que «la política que no permite soñar está condenada». ¿Dónde está la inspiración en las ambiciones políticas? En relación con la modernidad triunfal, lo que más ha cambiado es que ya no tenemos grandes sistemas portadores de esperanza colectiva, de utopías capaces de hacer soñar, de grandes objetivos que permitan creer en un mundo mejor. No llegamos ni a construir Europa, qué vamos a llegar. La idea de progreso ha retrocedido en beneficio del abordaje social del paro, la reducción de la deuda pública, la modernización del Estado, las medidas para reforzar la competitividad de las economías. Los grandes inspirados han sido reemplazados por políticos que deben enfrentarse en medida creciente a los problemas inevitables del presente, gobernantes que ya sólo prometen un mal menor y cuyo objetivo esencial es la modernización de la sociedad, la gestión de la crisis, la adaptación forzosa del país a la mundialización. La imagen que da la esfera política de manera creciente es la de un poder impotente para planificar el futuro, un poder «tecnocrático» cuyas medidas reformistas son en realidad menos elegidas que impuestas por las vueltas y obstáculos del decurso histórico. En este contexto, los ciudadanos están cada vez más desilusionados.

En el escenario de una sociedad enferma de paro y desorientada por la desaparición de los proyectos políticos organizativos, crecen el escepticismo, el alejamiento de los ciudadanos de la cosa pública, la caída de las militancias activas. Son muchos los ciudadanos que se sienten poco afectados por la vida política, no les interesan los programas de los partidos y no confían en nadie para que gobierne el país. Más de seis franceses de cada diez se declaran «muy poco» o «nada» interesados por la política, y el caso se repite en más del 70% de los comprendidos en la franja de los 18-29 años. Las películas y los partidos de fútbol consiguen audiencias superiores a las de los programas políticos. En la actualidad decepciona más la eliminación de Francia de los Mundiales que el resultado de unas elecciones. De los veinte años en adelante crece la despolitización, que no perdona ni siquiera a los jóvenes licenciados, que acaban de terminar una larga carrera. Amplio desinterés por la política, dedicación a las alegrías privadas: tal es la fórmula químicamente pura del individualismo hipermoderno. Una desafección que, por lo demás, debe menos a la decepción propiamente política que a una cultura global que exalta sin cesar el consumo y la plenitud personal: el sentido de la vida se busca y encuentra ahora donde no está la política.

¿Ha quedado entonces desfasada la intervención de los ciudadanos?

La indiferencia y el zapeo electoral no excluyen en absoluto las luchas colectivas ni los compromisos públicos centrados en la defensa de los derechos humanos, en la escuela o en la protección del ambiente. La oposición a la guerra en Irak movilizó a los europeos. El referendo sobre el proyecto de Constitución europea ha levantado fuertes polémicas. Lo que se impone no es un desinterés estricto por la cosa pública, sino una sensibilidad más pragmática en espera de políticas concretas, más próximas a las preocupaciones de los ciudadanos.

Con las desilusiones colectivas y la erosión de los diferentes intermediarios —sindicatos, partidos, clases sociales—, ¿cómo se recompone la democracia política? ¿Cuáles son los síntomas de esta desestabilización de las identidades políticas? Y por último, ¿qué ha sido de las formas de pertenencia política?

A pesar de la profunda despolitización y de la debilitación de la oposición izquierda-derecha, la mayoría de los franceses (seis de cada diez) sigue estando situada políticamente. No obstante, hay que señalar que más de uno de cada tres alega no estar «ni a la izquierda ni a la derecha» y no confía para gobernar en ninguno de los dos bandos. Al mismo tiempo, la volatilidad o la fluidez electoral es mayor que antes. Los individuos todavía se consideran de derechas o de izquierdas, pero crece la convicción de que esta clasificación está «desfasada» o es discriminatoria. Un sondeo del Instituto Francés de Opinión Pública revela que más de seis de cada diez ciudadanos no hacen ya diferencias entre los dos bandos y se declaran favorables a un gobierno de concentración de izquierda-derecha. Así como hay una reducción de las conciencias de clase, hay igualmente una identificación menos intensa con las familias políticas: el posicionamiento político es hoy mucho menos productor de identidad social que antes. Mientras que la intensidad de las identificaciones partidistas anda a la baja, la subjetivación de la identidad política progresa. La reducción de la influencia de los partidos y de las ideologías mesiánicas aumenta la cantidad de electores que no siguen las consignas de ningún partido. En la actualidad, los que se declaran de acuerdo sólo con una proporción de las ideas del partido por el que tienen intención de votar son más numerosos que los que comulgan con casi todas sus ideas. A la relación con la política le sucede lo mismo que a la relación con la religión: hay una creciente proliferación de «creencias sin filiación», de adhesiones por principios y sin participación, de lealtades sin unanimidad. Además, los electores manifiestan una tendencia creciente a titubear, a esperar a la campaña electoral para decidirse. En las democracias hipermodernas, lo que gana puntos es el «elector estratégico», la distancia y autonomía respecto de los partidos. Es el momento de las identidades políticas reflexivas y desinstitucionalizadas.

¿Es pues este contexto de «descomposición» política lo que sostiene lo que Michael Walzer llama «nuevo tribalismo»?

Es innegable. El desapego a la política es actualmente contemporáneo de un incremento de los sentimientos comunitarios y de las «búsquedas de raíces». Al producirse un vacío, la dinámica de individuación y la desaparición de las grandes visiones ideológico-políticas han precipitado la necesidad de identificarse con comunidades particulares, étnicas, religiosas o regionales. Conforme desaparecen los polos de identificación de carácter universal, que se perciben ya como abstracciones lejanas, los individuos se vuelven hacia su comunidad concreta e inmediata. La identidad de los individuos pasa cada vez menos por la adhesión a principios políticos generales y cada vez más por referentes históricos, culturales, religiosos o étnicos. Una explosión de identidades que engendra un proceso de balcanización social cuyo resultado es un mosaico de minorías y grupos que se menosprecian o se odian.

¿Qué alimenta la decepción en una época de despolitización?

Cuatro factores fundamentales, a mi juicio, destilan estructuralmente la desilusión. En primer lugar tenemos el fenómeno de la descreencia utópica, característico de nuestra época. Las megaideologías del siglo XX ocultaban todo lo que podía contradecir el futuro radiante: falseando la realidad, estuvieron a salvo, al menos durante un tiempo, del escepticismo, de la desconfianza y del desencanto. Ya no ocurre así en nuestras sociedades, donde el acceso a la información se ha independizado de la influencia de los partidos. Menos cegados por las retóricas totalizadoras, mucho más informados y más independientes de los partidos, los ciudadanos se muestran más recelosos de los dirigentes políticos y sus mensajes. Sólo hay espiral de la decepción donde hay democracia mediática y un ciudadano informado por conductos no partidistas, y por ello capaz de ser más crítico.

En segundo lugar, y no nos engañemos con esto, la decepción no se nutre sólo de la impericia de los gobernantes. Hay algo mucho más profundo que opera en este sentido y que es consustancial al universo democrático, a saber, el sistema de los derechos humanos, auténtico código genético y axiomática moral de las democracias liberales. Tomando por referente una utopía abstracta de ese calibre, el desajuste con la realidad es terrible. ¿Cómo podría lo real estar a la altura de ideales tan elevados como la libertad, la igualdad y la felicidad de todos? ¿Cómo es posible imaginar realizadas en la tierra la libertad y la felicidad completas? Ya sabe usted lo que se dice: «No se puede socorrer a todo el mundo.» Comparada con los derechos humanos, la acción política concreta parece muy calculada, injusta, siempre por debajo de lo que idealmente se espera y de lo que exige el respeto universal por la persona. Hay ahí un foco permanente de desencanto que no tiene trazas de apagarse.

¿Cuál es el tercer factor?

Bueno, ya lo hemos visto, es el nuevo contexto mundial, caracterizado por la liberalización y la financierización de la economía. La consecuencia de esta nueva fase del capitalismo es que se reducen radicalmente los márgenes de maniobra del poder público, su capacidad para dirigir la marcha económica de la sociedad. Mitterrand expresó bien este «drama» cuando declaró que en la lucha contra el paro «se ha ensayado todo». Extrapolándolo, «no se puede hacer nada más», esto es lo que sugiere el nuevo orden mundial. Con lo cual cobra fuerza la idea de que estamos menos gobernados por los representantes políticos que por el empuje anónimo de los ciclos económicos. Es imposible que una enajenación política así no produzca desmotivación y desencanto. Como también lo es que la impotencia para dirigir el curso de las cosas no genere desilusión en sociedades en las que, en principio, el pueblo se proclama soberano y dueño de su destino.

¿No están igualmente en entredicho los mensajes políticos?

Sin duda: es el cuarto factor. La desaparición de las ideologías demiúrgicas y la tremenda expansión del «cuarto poder» han transformado en profundidad la retórica de lo político. La televisión en concreto ha impulsado la formación de un discurso simplificado al máximo, de un lenguaje aséptico, tecnocrático, pulido, «políticamente correcto», que ya no hace soñar, que ya no «electriza» ni entusiasma a nadie. Al desacralizarse, el Estado-espectáculo ha trivializado, cloroformizado la escena política. Es un «hablar triste» que a muchísimos ciudadanos les parece complicado, abstracto, alejado de sus preocupaciones; los jóvenes aducen con frecuencia que no entienden las discusiones de los dirigentes políticos y que no perciben diferencias entre los partidos, exceptuando a las formaciones extremistas. Ironía de la época: cuanto más sencillos, directos, «comunicativos» y en contacto con la gente quieren parecer nuestros representantes, más incomprensibles, aburridos y desmotivadores se vuelven sus mensajes.

¿Afecta a la vida cotidiana el desencanto político hipermoderno?

Aunque el paro tiene efectos muy importantes en el ánimo y el comportamiento de los individuos, la desconfianza hacia la política apenas repercute en los estilos de vida y en el consumo. El desencanto o pesimismo político no pone freno a los apetitos consumistas. Ahí tenemos otra característica de la despolitización hipermoderna, que es inseparable de una decepción «débil», más generadora de indiferencia y distanciamiento que de abatimiento. Pero la decepción causada por la esfera pública no explica ya, como pensaba Hirschman, la sobreinversión en vida privada y consumo. La búsqueda de las alegrías privadas se intensifica ahora al margen de las desilusiones políticas. Dicha búsqueda ha adquirido una especie de autonomía creciente, que se apoya en el estímulo sistemático de las novedades comerciales, el ocio y la plenitud individual.

¿Caminan todas las democracias actuales hacia el mismo desencanto político?

Todas están caracterizadas por la dinámica de los derechos humanos, la mundialización liberal y la sobremediatización. Lo cual no elimina en absoluto las particularidades nacionales. En América Latina, por ejemplo, la corrupción tiene un papel muy importante en la decepción política de las poblaciones. En Europa mucho menos. Esto no impide que haya fuertes corrientes de decepción, en Francia muy concretamente: da fe de ello que seamos el país con más abstención, con menos filiaciones a partidos y sindicatos, y con una extrema derecha que obtiene los mejores resultados después de veinte años. ¿A qué se debe esto? Es imposible dar cuenta de este fenómeno sin remitirnos a un elemento muy arraigado en nuestra historia y nuestra cultura política colbertista-jacobina-intervencionista. En este modelo, la lógica del beneficio, la economía de mercado y sus consecuencias no fueron totalmente aceptadas en ningún momento. El poder público se reconoce como instrumento supremo de la unidad y la cohesión social, la instancia productora del bien público y del vínculo social. Ahora bien, la «mundialización» choca de frente con el modelo del Estado productor de la Nación. El abismo existente entre el «modelo francés» (papel del Estado como vehículo de igualdad, lugar de la ley, importancia de los servicios públicos) y la dinámica neoliberal explica la amplitud de la decepción. La impotencia pública en un país que espera mucho del Estado comporta la desacreditación de los agentes públicos, así como el malestar en general. En el caso francés, ninguna formación política importante ensalza los méritos del liberalismo y la competencia. No es sólo que la izquierda se acerque a veces a la extrema izquierda desempolvando la retórica anticapitalista, antipatronal, antibeneficio; es que incluso un presidente derechista como Jacques Chirac ha llegado a declarar: «El liberalismo es tan peligroso como el comunismo.» Al no estar preparados, por lo que parece, a adoptar una actitud confiada hacia la economía de mercado, los franceses viven la globalización económica como una agresión contra ellos, como una amenaza para su identidad nacional.

En ese caso, ¿daría usted la razón a Lionel Jospin cuando dijo que «el Estado no lo puede todo»?

Desde luego. Pero recuerde cuánto se le reprochó haber tenido una ocurrencia así; en boca de un socialista se consideró escandaloso.

Sería interesante recordar las reacciones de la prensa internacional cuando las movilizaciones francesas contra la Ley de Contrato del Primer Empleo. Una parte insistía en el miedo casi patológico de los franceses al mundo que se avecina. Pero otra fracción de los comentaristas se preguntaba si en el fondo no serían los franceses una especie de vanguardia ilustrada. En nuestras reacciones epidérmicas a la mundialización, a la flexibilización, apreciaban una actitud, es verdad, inadaptada al mundo real, pero que, precisamente por excluirse de lo real, nos invita a no dejarnos encerrar, a no dejarnos atrapar, en suma a no desistir. ¿Qué dice usted?

Creo que, en las movilizaciones que usted evoca, hubo algo positivo, a saber, la fuerza de una sensibilidad refractaria al liberalismo duro, «a la americana». Pero también reflejan una realidad mucho más preocupante: el miedo al cambio, el inmovilismo, la fobia antiliberal, el rechazo de toda forma de «flexibilización», una palabra que hoy se ha vuelto casi obscena. Estos elementos no caracterizan a una vanguardia; yo veo más bien un desfase, un reflejo paleoideológico, el miedo a la inevitable modernización de nuestra economía.

En la mayor parte del país, y al margen de la oposición que hayan suscitado, las reformas estructurales de cara a un funcionamiento más adaptable y eficaz de los mercados se consideran necesarias. Negamos demasiado a menudo esta evidencia; sin embargo, en este dominio no se puede tener la razón frente a todos. El rechazo, más acentuado que en otras partes, de una economía moderna de mercado, no augura un porvenir mejor: lo retrasa aumentando un poco las grandes desigualdades y las marginaciones. No se trata de poner en un pedestal el ultraliberalismo. En los países escandinavos hay otro modelo que combina la protección social y la competitividad y que podría orientarnos en la reforma del mercado de trabajo. Si hay alguna vanguardia, está mucho más en esta «flexiseguridad» que protege al empleado pero no el empleo, que en la «revolución conservadora» y la condena de otra era de la economía de mercado.

El consumo es uno de los hilos conductores de su interpretación de la modernidad. La lógica comercial de la sociedad hipermoderna, dice usted, invade casi todos los dominios de la vida privada y colectiva. ¿Es la lógica del hiperconsumo lo que nos hace renegar de nuestra vida democrática y lo que podría, por el simple gusto de la novedad, llevarnos a adoptar un régimen distinto de la democracia? ¿Es la democracia, en el fondo, un bien de consumo como cualquier otro?

Desde el siglo XIX, la modernidad política ha visto enfrentarse a los turiferarios de la democracia y a sus enemigos radicales. Para la izquierda marxista, el orden liberal debía derribarse porque era un régimen político al servicio de los intereses de la burguesía; la extrema derecha, por su parte, declaró una guerra implacable al parlamentarismo, a la democracia y al individualismo, que eran sinónimos de decadencia, mediocridad y anarquía. Aparato de coerción de los propietarios contra el proletariado, «veneno», «porquerías parlamentarias», «basura de Asamblea»: las familias políticas más dispares eran testigos de un desprecio y un odio incontenibles a la democracia parlamentaria. No hace mucho, los manifestantes todavía canturreaban: «A las elecciones los mamones.» Esa época ha pasado. La democracia, en la época de la hipermodernidad, ha vencido en el exterior (el gran enemigo comunista ha caído) y en el interior, al eliminar tanto las pasiones nacionales agresivas como las perspectivas revolucionarias. Ya no hay, por lo menos en Occidente, enemigos dispuestos a empuñar las armas contra ella. Estamos en la etapa triunfal, consensual, de las democracias. Somos testigos de la consagración de los derechos humanos, que se imponen como el gran referente, el centro de gravedad ideológico de nuestro mundo. En la medida en que se organizan guerras «preventivas» para establecerla, la democracia se ha convertido en un producto de exportación. En el presente no es un bien canjeable como los demás: se impone como valor absoluto y no negociable, el modelo del bien colectivo, la condición política de los demás bienes.

¿Es tan total su triunfo como dice usted? ¿No ha fracasado en multitud de cuestiones (sobre todo en la referente a la pobreza), suficientes para que se acabe por considerar algo transitorio? En otras palabras, más que de un triunfo apático, ¿no cabría hablar de fracasos reales de la democracia para los que sencillamente no hay respuesta?

Consagración ideológica de los derechos humanos no es sinónimo de democracia social ni de inserción de todos en una sociedad justa y armoniosa. Si bien triunfa la democracia política, no sucede lo mismo con la dinámica de la igualdad social. En la Treintena Gloriosa tuvimos una época relativamente feliz, porque vivíamos en una sociedad en que se reducían las desigualdades entre las clases. Como usted sabe, desde los ochenta y sobre todo desde los noventa, este esquema ha pasado a la historia. En nuestra época se agravan los problemas planteados por la extrema pobreza, el paro masivo, los *working poors* [trabajadores que no pueden salir de la pobreza], la indefensión y la descalificación social. Los disturbios de los barrios periféricos del otoño de 2005 son indicadores de la extensión del problema. Por lo demás, a juzgar por las poblaciones como las de la antigua Unión Soviética que aspiran a la democracia y acaban a veces añorando la situación anterior, la decepción democrática es manifiesta. El fin del comunismo y el triunfo de la democracia pudieron hacer creer que íbamos hacia un mundo de paz y prosperidad: huelga decir que no es eso exactamente lo que hay. Para los individuos excluidos, desafiliados, sin perspectivas de futuro, la democracia no cumple sus promesas: sigue siendo una especie de cáscara vacía.

¿No ha consumido el consumo a la democracia?

Sólo una pequeña fracción de europeos se declara estar dispuesta a sacrificarse por la libertad. Y no se ha olvidado la famosa consigna de los pacifistas alemanes: «Antes rojo que muerto.» ¿Se ha quedado anémica la democracia? No lo creo. El entusiasmo por la democracia no es desbordante, pero ya no se la detesta, ya no se promueve su eliminación. Como se sabe, los franceses leen cada vez menos prensa periódica, pero imagine que se suprime la libertad de prensa: la indignación y la movilización serían inmensas. Del mismo modo, se consideraría abominable la idea de renunciar al principio del sufragio universal. Recuerdo que Winston Churchill decía a propósito de la democracia que era el peor de los regímenes, exceptuando todos los demás. En el fondo, este juicio se ha incorporado a los hábitos de vida: es posible que la gente no ame la democracia con amor ardiente, pero no quiere de ninguna manera que haya otro régimen. Y no estoy seguro de que no estemos dispuestos a morir por defenderla. La desacralización de lo político ha dado lugar a todo menos a un relativismo total: a pesar de innegables fenómenos de disgregación, seguimos ferozmente aferrados a los grandes principios democráticos. Paradoja de la época: cuanto más crece la decepción, más se consolida la adhesión masiva a los valores democráticos. La queremos, pero sin pasión. Y la queremos sobre todo cuando tenemos la sensación de que está en peligro.

¿No es particularmente deprimente que la democracia no tenga ya alternativa?

No hay nada que lamentar en la desaparición de las grandes religiones seculares de la Revolución y la Nación. Ya no está en circulación la nostalgia de lo que engendró las sanguinarias barbaries del siglo XX. El fin de la edad de oro de lo político no tiene nada de deprimente. A fin de cuentas, hay muchos otros proyectos y esperanzas capaces de orientar la existencia y de motivar las pasiones. La creación, la investigación científica, los descubrimientos científicos y técnicos, la búsqueda de la felicidad individual: no estamos condenados a desilusionarnos porque se hayan agotado los grandes proyectos mesiánicos. Hay muchos otros que pueden llenar una vida: el compromiso con las causas humanitarias, la investigación, la creación, la educación de los niños, la invención de formas de trabajo más gratificantes. ¿Proyectos pequeños en comparación con el prometeísmo político? Yo no diría tanto. La invención de la píldora o de Internet ha cambiado más el mundo y nuestra vida que las consignas trotskistas. Ya no hay alternativa legítima a la democracia política, pero todo está por inventar en lo que se refiere a la democracia como estado social. El «fin de la Historia» no se producirá esta semana, pues la historia no es únicamente política: los asuntos que construirán el futuro (la educación, la relación entre los sexos, el trabajo, la vida cotidiana, etc.) no dejarán de inventarse y reinventarse.

Me gustaría preguntarle por la incapacidad de la democracia para responder a la demanda de felicidad. ¿Presupone su diagnóstico que la felicidad escapa a la democracia, que es un fenómeno de otro orden, que no está bajo la responsabilidad de ésta, que está en otra parte y que en consecuencia nos hemos engañado en lo que se refiere a esta función de la democracia como proveedora de felicidad?

El derecho a la «búsqueda de la felicidad» figura en la Declaración de Independencia de Estados Unidos, de 1776. La Declaración de los Derechos del Hombre y el Ciudadano de 1789 estipula que sus principios tienen por finalidad «la felicidad de todos». Al mismo tiempo, la tradición liberal ha considerado siempre que la esfera de la felicidad no afecta a la política, sino a los individuos. Recordemos la famosa fórmula de Benjamin Constant: «Que el Estado se limite a ser justo; ya nos encargaremos nosotros de ser felices.» Pero hay que tener en cuenta parámetros nuevos en un momento en que la cuestión de la felicidad está cada vez más vinculada socialmente a las técnicas y los estilos de vida consumistas. ¿Qué enseñanzas extraemos de aquí? Al menos una: que la felicidad no es sólo un asunto extrapolítico, sino también independiente de la técnica, del progreso, de la fuga hacia delante del consumo. Consumimos cada vez más, pero no por eso somos más felices. El mundo técnico permite que tengamos una vida más larga y materialmente más cómoda. Es mucho. Pero esto no es la felicidad, que huye con obstinación de las ávidas garras de los individuos. Mientras el dominio tecnocientífico crece indefinidamente, la felicidad sigue siendo lo más indomeñable, lo más imprevisible del mundo humano: ilumina nuestra existencia cuando le viene en gana, por lo general sin que seamos totalmente responsables. La felicidad viene cuando no se la espera y se nos va cuando creemos tenerla segura. Ni la política ni la Historia son mecanismos que avancen gloriosamente hacia la felicidad.

¿No cree usted que hay una sensación de saciedad, léase ingratitud, entre los ciudadanos que ya viven bien y que ahora defienden con menos entusiasmo lo que ambicionaban hace un siglo? ¿No cree que, en la nueva sensibilidad colectiva, hay una especie de deseo en sordina, algo más sentimental?

Se ha hablado hace poco de «melancolía», a propósito del malestar francés. Esta dimensión existe, pero me parece menos significativa que la fuerza del miedo y la inseguridad. Vistos desde el exterior, parecemos «niños mimados»; desde dentro, la vida parece cada vez más difícil, más caótica y estresante. La inquietud, más aún que la decepción, cala hasta el alma del individuo actual. Se la ve un poco por todas partes, en lo que se piensa de la mundialización, de Europa, de la situación laboral, de los títulos, de la inmigración, la alimentación, la salud, la contaminación. Lo nuevo es que este miedo generalizado se difunde con el telón de fondo de la fiebre consumista; en este punto al menos no hay saciedad: cuanto más se consume, más se quiere consumir, porque la satisfacción de una necesidad genera nuevas demandas. Lo que triunfa no es tanto la nostalgia del pasado cuanto la inquietud por la precariedad del futuro.

¿Deja algún espacio para la política este consumo que todo lo invade? ¿O nos consuela de lo que ya no funciona?

Al estimular los placeres privados, el bienestar y el ocio, el universo consumista ha dejado sin herederos los grandes proyectos revolucionarios y nacionales, ha minado el espíritu de militancia y las grandes pasiones políticas. El ideal casi religioso de comprometerse en cuerpo y alma con grandes causas se ha esfumado, ya no es apto para dar sentido a la vida. La plenitud personal es lo que se impone como ideal último, es el gran referente y el motor psicológico de la era hiperconsumidora. El *Homo politicus* ha cedido el paso al *Homo felix*. No se trata ya de «cambiar la sociedad», sino de vivir mejor en el presente, uno mismo y los suyos, de ganar dinero, de consumir, irse de vacaciones, viajar, distraerse, hacer deporte, arreglar la casa. Los sueños del «gran ocaso» se han extinguido y la cosa pública ya no motiva las pasiones más que superficialmente. Sin embargo, las demandas que se hacen a la política no han desaparecido, antes bien aumentan. Los mismos que se desinteresan olímpicamente de la política esperan de ella ventajas y beneficios: seguridad, educación, ayudas públicas, protección del ambiente, eliminación de las desigualdades. Así, la crisis actual de los barrios periféricos se puede interpretar como una demanda al Estado. Como la individuación del mundo crea vulnerabilidad, es inseparable de una multitud de demandas de medios de seguridad, de programas de protección, de expectativas en relación con el Estado.

A lo largo de los años, los grandes pensadores de la modernidad han hecho sonar la alarma a propó-

Pensemos en Tocqueville y en Nietzsche, en cuyos análisis se encuentra lo que podríamos llamar paradigma de la *mediocridad democrática*. El primero habla de un hombre «medio», de costumbres tranquilas, pero sin grandeza ni nobleza, absorto en la búsqueda de placeres «triviales y ridículos». El segundo retrata al «último hombre», sin valor, incapaz de elevarse por encima de sus deseos amorfos. Años después, Ortega y Gasset denunciará al «hombre masa» de la era democrática, que vive en una inmanencia vulgar y degenerada.

¿Está ahí el modelo tipo del individuo de los tiempos del hiperconsumo? Yo creo que no. No es verdad que el consumo-mundo haya conseguido colonizar todas las dimensiones del deseo humano. Nunca ha habido tantos investigadores, artistas, creadores, empresarios, deportistas de alto nivel. La pasión por el riesgo se expande. Los deseos de aprender y meditar, de mejorar, de vencer a los demás no han desaparecido, de ningún modo, y no desaparecerán porque son «estimulados» por el orden social democrático en el que cada cual debe inventar su vida y construir su identidad personal y social. Unos se obsesionan por el bienestar, por los placeres «fáciles»; otros por inventar, progresar y superarse. Las personas siguen deseando comprender y esforzarse para «perfeccionarse», para ser «más», para dominar, ser reconocidas, ganar el aprecio de ellos mismos y el de los demás, trascenderse. No hay que tener miedo: la voluntad de poder en sentido nietzscheano no está en peligro de extinción. El hiperconsumo no ha transformado a las personas en borregos que sólo viven pensando en la seguridad y el entretenimiento. Narciso no reina en solitario.

Si la democracia, a su entender, no se ha convertido en un simple bien de consumo, ¿no experimenta en cambio algunas derivas? Si la democracia liberal no aniquila la «voluntad de poder», ¿no destruye en cambio la vitalidad del nexo social?

Ya en los años sesenta los situacionistas dieron la alarma al condenar el aislamiento de las personas y la «comunicación sin respuesta» que comportaban los medios de masas. Actualmente, el sociólogo norteamericano Jeremy Rifkin se pregunta si la comercialización total de los estilos de vida no atrofia la sociabilidad, la empatía, los sentimientos que definen lo humano. Se nos dice, aquí y allá, que la hipertrofia del consumo comercializado, de los medios y del cibermundo destruye los contactos directos y el gusto por la sociabilidad. Sin embargo, los hechos no confirman estos temores. Lejos de quedar desfasados, los sentimientos de identificación con nuestros semejantes se expresan masivamente cuando se producen grandes catástrofes. Jamás ha habido tantas asociaciones ni tanto voluntariado. La gente sale cada vez más para conocer el mundo y disfruta reuniéndose con los amigos. Proliferan los restaurantes, los festivales, las expresiones públicas. Ni el consumo, ni la televisión ni Internet hacen peligrar la inclinación a la sociabilidad. Lo que se busca y se inventa son nuevas relaciones interindividuales. El individualismo total que nos define no se reduce a encerrarse en uno mismo y utilizar a los demás: también es sensibilización, aunque sea superficial y pasajera, al sufrimiento de los desconocidos y búsqueda de lazos interhumanos postradicionales, es decir, selectos, variados y renovados.

Sí, pero también es posible otra interpretación, más crítica, de las cosas: nos vemos, nos reunimos, celebramos fiestas, pero en la vacuidad o volatilidad más absoluta.

Me parece que eso es más un juicio moral que una observación psicológica. Después de todo, ¿por qué tienen que ser eternos los lazos entre las personas? Un encuentro con otro puede ser breve pero intenso y, en cierto modo, «inolvidable». A veces hay más intensidad y más «verdad» en las experiencias breves que no se anquilosan en la rutina de los días. ¿Por qué se suele decir que sólo lo que dura está libre de vacuidad y superficialidad?

Un antiguo eco platónico, seguramente...

Es verdad, pero en un plano psicológico, la valoración de la duración expresa sobre todo el deseo de seguridad afectiva, el miedo a la soledad, el temor a ser abandonados. ¿Y cómo no percatarse de que la duración ya no es la prueba de una comunicación interpersonal profunda? Con el tiempo vienen también el tedio, la repetición, la irritación, el cansancio de lo que ya no cambia: ya no se habla porque ha desaparecido el encanto del descubrimiento y la pasión. La duración no me parece un ideal por sí misma, todo depende de la forma como se viva.

En la época de la mundialización de los mercados se nos bombardea con la idea de que vivimos en pleno nihilismo. La prueba es la corrupción, el rey dinero, el «horror económico», el utilitarismo comercial...

Diversos fenómenos de importancia crucial pueden explicar la interpretación nihilista de la hipermodernidad. ¿Qué vemos a nuestro alrededor? Una modernización desenfrenada e imperativa que, lejos de ser rematada por la fuerza de los ideales, lo es por la competencia mundializada, la eficacia, las exigencias de rentabilidad y de supervivencia económica. Ser cada vez más perfecto, avanzar o desaparecer, modernizar por modernizar, ganar la batalla de los índices de audiencia: con el triunfo de la especulación, el economismo y la técnica vuelve a toda máquina algo parecido a un nihilismo tecnocomercial. ¿Significa eso que la sociedad de mercado representa el nihilismo acabado, la «rebarbarización» del mundo? A mi modo de ver, eso es tomar la parte por el todo, por muy poderosa que sea la parte. Pues los referentes de sentido y de valor no han sido eliminados. La democracia y los derechos humanos gozan de una legitimidad excepcional; las desigualdades aumentan, pero las protestas sociales se dejan sentir; si la ecosfera está amenazada, también hay una conciencia del deber de reaccionar. Nuestro universo no ha secado las fuentes capaces de regar la crítica, no hemos perdido los principios ideales que permiten justificar la crítica del presente. El neoliberalismo no ha conseguido erradicar la base de los valores democrático-humanistas. La democracia posee todavía los medios para corregirse, para reorientarse y reinventarse. La sociedad hipermoderna está dominada por las figuras del accionista y el consumidor, pero eso no significa que sea una sociedad «posdemocrática», cerrada en sí misma y huérfana de todo ideal de justicia.

¿No hay pues bancarrota de los valores bajo los golpes del capitalismo financiero?

La sociedad hiperindividualista no destruye los referentes morales: destradicionaliza la moral, pone en cuestión todo lo que antes era indiscutido. Donde la Iglesia fijaba antes imperativamente el bien y el mal, hoy hay comités de ética, polémicas, debates sobre el aborto, sobre la adopción de niños por homosexuales, sobre la procreación, las manipulaciones genéticas, la eutanasia. La época está llena de conflictos de índole moral. No vivimos la decadencia de la moral, sino una pluralización de las éticas, acorde con una sociedad secularizada, democrática e individualista.

¿Qué opina usted de lo que algunos consideran «muerte de la cultura», derrota del pensamiento?

En la modernidad inaugural, se acusaba a la democracia de poner en peligro el pensamiento individual por el empuje del conformismo y el «despotismo de la mayoría». Hoy es el consumo y los medios lo que alimenta las inquietudes en este plano. El «valor de espíritu» de que hablaba Valéry está amenazado por la búsqueda de los mejores índices de audiencia y por una cultura de la pantalla que sustituye la reflexión por la emoción, el espíritu crítico por la animación-espectáculo. En la época de la sociedad de hiperconsumo lo desechable sustituye a lo duradero, todo debe distraer deprisa y sin esfuerzo. El capitalismo y el espíritu de goce han minado la autoridad y la dignidad de la cultura. Unos hablan de una etapa «poscultural», otros de barbarie intelectual y estética.

Estas observaciones no carecen de verdad. Pero conviene no proyectarlas sobre un futuro que se presenta como un destino ineludible. Hay otros guiones posibles, en la medida en que existen amortiguadores y tendencias contra el expansionismo consumista. Las críticas a la escuela y la televisión están vivas; los padres expresan su preocupación por las consecuencias de las horas que pasan los hijos delante de la pantalla. Estamos igualmente en un punto en que se ha erosionado la fe en la educación permisiva. Se cuelga un blog cada segundo. Los foros de debate en la red y los filocafés conocen un notable éxito. Aunque estos fenómenos sean inseparables de cierto narcisismo y de una expresividad a veces confusa, expresa el deseo de ser menos pasivos, cierta necesidad de comprender y una curiosidad aguzada. No es verdad que la sociedad de la diversión haya triturado el deseo de comprender, de aprender y reflexionar. Se puede creer razonablemente que esta dinámica crecerá en el futuro.

¿Por qué?

Quisiera adelantar dos razones. En primer lugar, el boom de Internet, que es un medio que estimula la curiosidad, que anima a los individuos a plantear nuevos problemas, a ampliar sus conocimientos. Naturalmente, no caeremos en la ingenuidad de creer que la democratización de la información o una televisión de mejor calidad bastarán por sí solos para remediar los problemas planteados por el futuro inmediato de la cultura y el pensamiento contemporáneos. El papel de la escuela será primordial para aprender a situarse en la hipertrofia informativa. Uno de los grandes desafíos del siglo XXI será inventar nuevos sistemas de formación intelectual, una escuela posdisciplinal, pero también poshedonista. La cantera es amplia. En este sentido, todo o casi todo está por pensar y acometer.

En segundo lugar, no perdamos de vista el lugar y la importancia creciente de las ciencias en nuestras sociedades. Ahora bien, la ciencia no es sólo «razonamiento» técnico o razón «calculadora», por hablar como Heidegger, es también un dominio que abre el espíritu, una invitación a comprender y probar, una herramienta que fomenta el cuestionamiento del saber admitido. Pienso en esas sociedades en que la ciencia ocupa un lugar tan estratégico que los individuos están lanzados en una carrera que no les permite ya hacer uso libre de la razón.

¿Llegarían las ciencias a reemplazar a las humanidades clásicas, con vistas a la emancipación por el saber?

Aunque la cultura científica fomenta el espíritu de la duda, no podría sustituir a las humanidades, que proporcionan referentes de sentido y marcos de inteligibilidad irreemplazables. Tenemos una gran necesidad de esas brújulas de reflexión ligadas por la historia universal del pensamiento. Son indispensables porque estamos cada vez más ahogados por los flujos ininterrumpidos de la información. Estoy convencido de que la creciente influencia de las ciencias deparará más bien una nueva era de las humanidades que su extinción positivista.

Vayamos a los peligros que amenazan aquí y ahora las instituciones de la libertad, porque es ahí

sobre todo donde puede haber mucha decepción...
Algunos hablan ya de la inevitable vuelta de la no-
che del despotismo.

Yo partiría de un hecho comprobado: la derecha se ha instalado duraderamente en nuestro paisaje político, pero se muestra contenida, en ninguna parte ha destruido el orden y la legitimidad democráticos. Es uno de los grandes méritos de la era consumista e hiperindividualista.

Pero hay otros nubarrones despuntando en el horizonte. En su último libro, *El hombre sin gravedad* (2002), Charles Melman sostiene que nos aguarda un regreso del autoritarismo. Anuncia la venida inevitable de un «fascismo voluntario». La sociedad de goce o de hiperconsumo, tal es la tesis del autor, creará una angustia insuperable, a causa de la extrema confusión en que nos hunde: los individuos ya no saben lo que está bien y lo que está mal, no disponen ya de referentes estructuradores. Por este motivo, la gente reclamará una vuelta al orden. No será ya un terror venido de fuera, sino un fascismo «de dentro», nacido de la exasperación del individualismo y la necesidad de aliviar la angustia ligada a la desarticulación de todos los referentes. Ante todo he de decir que yo no estoy de acuerdo con esta descripción. Sin duda la sociedad de hiperconsumo fabrica inseguridad y fragilidad psicológica a dosis elevadas. Pero la «solución» que Melman ve perfilarse no me parece que sea la que tenga más probabilidades de materializarse. ¿Se pide la «vuelta al orden»? Sí, pero recordemos que en cuanto una pequeña medida política infringe las libertades individuales, se organiza una protesta. Ni siquiera en un contexto bélico se renuncia a la primacía de los derechos humanos: recuerde el escándalo de las torturas de la cárcel de Abu Ghraib, en Irak. Para remediar la angustia, ¿qué hace el *Homo democraticus* transformado en *Homo psychologicus?* Se vuelve hacia las medicaciones farmacológicas y psicológicas (psicotropos, psicoterapias, asesoría general): en otras palabras, busca soluciones particulares para problemas particulares. Lo que progresa es esta vía hiperindividualista, psicológica o «química» y no política: ella será sin duda la respuesta dominante al nuevo malestar en la cultura. Ningún fenómeno observable justifica por el momento la hipótesis de un futuro neototalitario. La segunda revolución individualista debilita las defensas psicológicas de los individuos, pero consolida las instituciones democráticas.

En cualquier caso, este individuo hipermoderno, desestabilizado, a disgusto consigo mismo, no anuncia un futuro muy halagüeño... ¿No hay aquí una insoslayable fuente de inquietudes para las democracias liberales?

Con la individuación exacerbada de nuestra época, las grandes instituciones han perdido su poder tradicional de regulación social. Las Iglesias, los partidos políticos, los sindicatos enmarcan cada vez menos, ya lo hemos visto, las creencias y los comportamientos individuales. Esto comporta una inestabilidad, una gran indefensión psicológica, un individuo desorientado que podría buscar la integración comunitaria en grupos, en «sectas», en redes a veces agresivas y radicales. De ahí surgen otros peligros: no proceden de mayorías, sino de minorías activas. Aunque sin llegar a hacer tambalear la democracia, estas minorías pueden generalizar el terror, aterrorizar la vida cotidiana, con la efectividad que todos conocemos. El peligro que nos acecha está en la desestructuración individualista y en nuevas minorías que podrán no ser capaces de subvertir el todo colectivo de las democracias, pero sí de asestar golpes serios y repetidos a nuestros estilos de vida y a la tranquilidad pública. El barco liberal no naufraga, pero el efecto sobre los partidos es considerable. Con el telón de fondo de la fragilización psicológica de los individuos, el peligro al que hay que enfrentarse no es tanto el hundimiento de las democracias políticas cuanto su hostigamiento por parte de *minorías peligrosas.* Después de la sangrienta dictadura del Estado totalitario, después de la suave tiranía del Estado superprotector, la era de la escalada de la decepción contempla el ascenso de la tiranía de las minorías activistas.

LA ESPERANZA RECUPERADA

Es extraño, pero hasta ahora no ha hablado usted de la familia. ¿Ha sido también absorbida por la esfera de la decepción?

El momento cumbre de la familia decepcionante ha pasado ya. Basta acordarse de la célebre frase «Familia, te odio» [de André Gide] y, más cerca de nosotros, de las violentas filípicas contra la familia burguesa, en el momento álgido de la contracultura, para darse cuenta de lo que nos separa de aquello. El valor de la familia está hoy consensuado, se sitúa en el primer puesto de las prioridades de los individuos, la inmensa mayoría desea tener más tiempo libre para dedicarlo a los suyos, equilibrar vida profesional y vida familiar. Ésta es fuente de un alto nivel de satisfacción, incluso entre los adolescentes, que mayoritariamente declaran llevarse bien con sus padres.

La familia autoritaria ha sido reemplazada por la familia afectiva, selecta, que da seguridad. Ya no se considera una instancia alienante y represiva y ahora es uno de los lugares privilegiados de la felicidad.

Pero ¿esquiva totalmente a la hidra de la decepción? Evidentemente no. Jamás ha habido tantos jóvenes que se declaran felices en familia y jamás se han registrado tantos suicidios y trastornos mentales entre ellos. Desacuerdos, conflictos por la custodia de los hijos, divorcios, mujeres maltratadas, aumento de la «conciliación familiar» (intervención sociopsicológica para encontrar una solución a los conflictos que enfrentan a los padres): son muchos los fenómenos que testifican que estamos muy lejos de tener un puerto de paz y una esfera de plenitud sin sombras. La dinámica de individuación de la familia permite una reinversión en el plano afectivo, pero también arrastra multitud de decepciones y resentimientos ligados a las crisis de la vida en pareja. Conforme aumentan las esperanzas de felicidad en la vida privada y familiar, se multiplican inevitablemente las decepciones.

El cuadro estaría incompleto si nos olvidáramos de las críticas dirigidas hoy a los padres llamados «dimisionarios». En este contexto es donde se utiliza, tanto en la derecha como en la izquierda, la amenaza de suspender, léase suprimir, las prestaciones familiares. En nuestra época crecen las desilusiones y las inquietudes en familias que, faltas de autoridad, son incapaces de cumplir con la educación y la socialización del hijo.

¿Quiere eso decir que la familia se ha vuelto un lugar puramente compensatorio y que se reinvierte en ella lo que no satisface en otros lugares?

En cualquier caso, la familia es un lugar de confianza que contrasta felizmente con la desconfianza que inspiran la empresa y la política, los medios y el otro en general. Sobre este último punto, fíjese que sólo dos franceses de cada diez piensan que se puede confiar en la mayoría de las personas. Muchas categorías sociales son objeto de una gran desconfianza (inmigrantes, drogadictos, jóvenes de las ciudades), mientras que no sucede lo mismo en el círculo de la familia, donde lo que domina es la confianza. En este sentido ha habido un giro copernicano en relación con las sociedades tradicionales, en las que se desconfiaba del resto de la familia y de los vecinos. La familia actual es ese lugar protector en el que reina la confianza y se practica la ayuda y la solidaridad: funciona como una instancia consoladora, un lugar en el que refugiarse de un exterior que hiere y angustia.

La sociedad de la decepción que usted describe, ¿no es inseparable de un importante aumento de la sensación de soledad?

Más de la tercera parte de los europeos conoce la soledad «de vez en cuando» o «a menudo». En su base están la individuación de los estilos de vida, la liberación de los vínculos colectivos, la desinstitucionalización de la familia y la religión. Actualmente viven solos seis millones de franceses; en París, uno de cada dos domicilios está ocupado por una persona sola. Los ancianos están cada vez más aislados y durante más tiempo. Muchos estudios señalan el drama del aislamiento afectivo y social que sufren los parados. En un plano completamente distinto, la multiplicación de los sitios de contacto en Internet ejemplifica la importancia social de la soledad, así como el deseo de ponerle fin. No podemos comentar este problema sin recordar los elevados índices de suicidios (últimamente, 160.000 anuales en Francia), sobre todo entre los jóvenes, que ponen al descubierto la fragilidad del individuo hipermoderno ante una soledad interior a veces insoportable. Pero para no quedarnos en una realidad tan trágica, pensemos en otro fenómeno típico de nuestro tiempo, la pasión por los animales domésticos. En Francia hay más de 56 millones y más de un hogar de cada dos posee al menos un animal de compañía. En parte hay que atribuir esta pasión a la disolución de los lazos sociales que caracteriza a nuestra época. Pero sólo en parte, porque el apego a un perro o un gato es también una forma de protegerse de las decepciones que surgen de la relación con los demás. A diferencia de los humanos, los animales no decepcionan nunca. No se espera de ellos lo que no pueden dar, se les quiere porque siempre son así, porque nunca cambian y nunca nos engañarán. El animal de compañía es un seguro contra las esperanzas defraudadas y al mismo tiempo una compensación por los desengaños que vive el individuo en la actualidad.

Pasión por los animales domésticos, patente insuficiencia de la familia (basta recordar la catástrofe del verano de 2003, cuando la sequía puso al descubierto el aislamiento de los ancianos), a pesar de su carácter tranquilizador. ¿No estamos en plena regresión moral, psicológica y afectiva?

En la sociedad de la decepción, mientras los mayores se visten con desenfado y no quieren envejecer, los jóvenes adultos juegan a ser niños en los parques temáticos, van en patinete y compran ositos de peluche. «Adulescente», síndrome de Peter Pan: algunos, a la luz de estos fenómenos, diagnostican la desaparición de las diferencias entre las edades y las generaciones, en beneficio de una «guardería universal» y una humanidad infantilizada. El igualitarismo extremo llegaría así a crear un estado de indiferenciación entre los niños y los adultos, con el triunfo de la puerilidad generalizada. Pero ¿es esto convincente? Yo creo que no. Porque ¿de qué regresión hablamos? No tomemos los juegos de una sociedad por su sustancia. ¿De veras la humanidad se ha vuelto bebéfila? Ni mucho menos, porque el fenómeno que comentamos no es en el fondo más que una *simulación lúdica.* El hiperconsumidor juega con la separación de las edades, no la suprime ni la desprecia. El niño no se ha convertido en modelo del adulto, como suele decirse precipitadamente. Aparentar menos edad de la que se tiene es una aspiración actual legítima, hacerse el niño no. Los códigos morales de las edades siguen teniendo vigencia social y exigen comportamientos diferenciados, como los mercadotécnicos saben muy bien. Una mujer de cuarenta años no se viste como las de quince y no «va» a los mismos lugares. ¿De qué hablamos entonces? El neoconsumidor quiere olvidar, evadirse, escapar unos instantes al peso de la responsabilidad de ser sujeto. No es regresión psicológica, sino liberación pasajera de las crecientes molestias del trabajo, de las tensiones y preocupaciones de la vida cotidiana. El fenómeno es mucho más la expresión de una sociedad lúdico-hedonista, que legitima todas las formas de placer, que la de una sociedad que niega la diferencia entre las edades. Los mismos a quienes les gusta «experimentar una regresión» en la intimidad pueden haber sido, unas horas antes, negociantes intratables y devotos del trabajo. Crece el consumo regresivo porque se intensifican las exigencias del gobierno de uno mismo. El movimiento de fondo de la era hiperindividualista coincide mucho más con una reflexividad inquieta que con la regresividad pueril.

A pesar del hedonismo lúdico que ha mencionado, es innegable que proliferan los sufrimientos interiores. ¿Sería la sociedad de la decepción básicamente una sociedad de la depresión?

El período hipermoderno es inseparable de un aumento impresionante de las depresiones y el malestar en general. El porcentaje de casos depresivos en Francia se ha multiplicado por siete entre 1970 y 1996; el 11% de los franceses ha tenido hace poco un episodio depresivo y el 12% del porcentaje anterior declara haber sufrido ansiedad general en el curso de los seis últimos meses. Pero al mismo tiempo, alrededor de nueve de cada diez europeos dicen que son felices o muy felices, a pesar del paro masivo y de la creciente sensación de inseguridad. Yo haría dos observaciones a este respecto. La primera es que el pesimismo actual no es identificable con la decepción profunda y el desánimo insuperable. Segunda observación: la sociedad de la decepción es una sociedad en que a los individuos les cuesta reconocer su decepción y su insatisfacción. Confesarlas es cada vez más difícil en una cultura en que infelicidad significa fracaso personal y en la que se prefiere dar envidia a recibir compasión. Y a nadie le gusta deprimirse confesándose infeliz, para que al compararse con los que están peor haya motivos para no sentirse la más desdichada de las criaturas.

Es un poco el método Coué...

Seguramente. Unos nueve de cada diez franceses se declaran felices o muy felices en la empresa; sin embargo, menos de un asalariado de cada dos dice que su trabajo sea placentero y sólo un tercio admite encontrar en el trabajo un nivel de realización personal. Al mismo tiempo, los individuos se declaran optimistas sobre ellos, pero pesimistas sobre los demás. La decepción que triunfa a escala macrosocial, de golpe, no comporta de ningún modo parálisis o inercia individual: es más bien lo contrario. Incluso en Francia, donde la densidad empresarial es menor que en otros países, alrededor del 27% de los ciudadanos querría tener una empresa propia; todos los años se fundan cerca de 70.000 asociaciones; hay 30.000 artistas plásticos; y proliferan las prácticas deportivas y expresivas (fotografía, vídeo, literatura, blog, música); los individuos no dejan de formarse e informarse, de viajar, hacer *footing* y ejercicios para estar en forma. Nuestra sociedad es depresiva y decepcionante, pero sobre un telón de fondo de activismo generalizado y de expresión personal en todos los sentidos. La era de la decepción no se conjuga tanto con el inmovilismo cuanto con la autoconstrucción voluntarista y la redistribución permanente de los elementos de nuestro marco de vida.

Pero ¿no es la construcción de uno mismo precisamente lo más difícil de conseguir, y causa de decepción?

En la época en la que entramos, la autoconstrucción es todo menos una aventura sencilla y tranquila. Solo con sus propios recursos, el individuo debe ahora hacerse de arriba abajo, y fuera de los antiguos marcos colectivos y religiosos. ¿Y cómo, en efecto, no ser presa de la decepción, cuando uno es el único responsable de sí mismo y ya nada detiene la proyección de esperanzas?

Llevada al extremo, ¿no conduce la sociedad de la decepción a cierto «olvido del otro», a cierta forma de anomia moral generalizada?

Es un lugar común remitir el individualismo al egoísmo, al cinismo absoluto. Desde este punto de vista, la sociedad hipermoderna de mercado se correspondería con una época en que los individuos estarían replegados en sí mismos, insensibilizados a los demás, obsesionados por el dinero y sus propios asuntos. Sin embargo, hay otros fenómenos que invitan a presentar un cuadro más matizado, menos pesimista. Más de 400 organizaciones no gubernativas tienen categoría consultiva cerca del Consejo de Europa. Cuatro de cada cinco asociaciones francesas funcionan gracias a los voluntarios, que ascendían a unos 12 millones en 2004, es decir, el 27 % de los franceses mayores de quince años; 3,5 millones de voluntarios dedican por lo menos dos horas semanales a una asociación. Y el fenómeno progresa. Se observa igualmente el crecimiento del volumen de donativos filantrópicos; casi uno de cada dos franceses se solidariza dando dinero a una organización. El comercio justo encuentra un eco favorable, aunque todavía incipiente. Se multiplican las agencias que evalúan a las empresas con criterios éticos. Las inversiones económicas en las empresas en función de criterios no sólo económicos, sino también comunica-

tivos y ambientales (los fondos de «inversión socialmente responsable»), marchan, pasados unos
años, viento en popa. Es evidente que individualismo desatado no es sinónimo de indiferencia a
los problemas del otro, ya que los individuos manifiestan todavía actitudes de respeto, ayuda y solidaridad. Muchos ciudadanos se toman en serio
la idea de dejar un planeta habitable a las generaciones futuras; hay enérgicas y numerosas reacciones de indignación ante la corrupción, los delitos,
la violencia contra las personas. Por todas partes
vemos multiplicarse comportamientos éticos «in-
doloros» y circunstanciales, sin obligaciones ni grandes sacrificios (donativos para los telemaratones
benéficos, huelga de solidaridad con las víctimas
del tsunami). En cualquier caso, estos impulsos
compasivos de masas ponen de manifiesto que el
individuo centrado en sí mismo todavía es capaz
de sentirse afectado por la desgracia de sus semejantes y de tener sensibilidad altruista. El hombre
actual no es más egoísta e «inhumano» que el de
antes: en los dominios tradicionales, la envidia co-
rroía a las personas y la consagración del deber no
impidió ni las guerras mundiales ni los campos de
exterminio. Hiperindividualismo no quiere decir
naufragio de los valores y los ideales desinteresados. Es una de sus tendencias, pero no la única. El
individualismo no es incompatible con la responsabilidad y el imperativo éticos.

Entonces, según usted, el «crepúsculo del deber», título de una obra suya, no es en modo alguno un fenómeno desesperante. También hay protestas nuevas, nuevas radicalidades que salen al paso del carácter excesivo de la sociedad de hiperconsumo, con los movimientos antipublicidad, con los altermundialistas, sobre todo. ¿Cómo interpreta usted estas nuevas indignaciones?

Una característica de la hipermodernidad es que ya no ofrece soluciones de recambio globales y verosímiles al mercado y a la democracia. Sin embargo, esta situación inédita no ha hecho desaparecer el espíritu de protesta radical, sobre todo a través de los movimientos altermundialistas, los paladines del anticrecimiento o los activistas antipublicidad que condenan el reclamo como máximo símbolo de la comercialización de la vida. ¿Cuál es el efecto práctico de estos movimientos? Desinflar los neumáticos de los coches, pintarrajear las vallas publicitarias del metro, parodiar logotipos, organizar el «día sin compras»; pero todo esto es tan insignificante, tan ruidosamente exagerado y tan «desechable» como los productos denunciados por los nuevos militantes. Han llegado los tiempos del «radicalismo portátil», de la disidencia lúdico-espectacular, llamativamente en sintonía con el espectáculo publicitario. Por lo demás, no es sólo la simple complicidad de estas corrientes con el universo que condenan. Pues lejos de hacer descarrilar el sistema, proporcionan nuevo combustible al orden mediático-publicitario. No se trata en modo alguno de una fuerza subversiva, sino de un nuevo elemento de la sociedad del entretenimiento mediático. El efecto de los activistas antipublicidad en el funcionamiento de la economía comercial es muy pequeño, por no decir nulo; en cambio, reciben una amplia cobertura mediática. Es una rebelión confortable, una protesta-entretenimiento que sirve para llenar las páginas de los medios. Estas iniciativas no cambiarán en absoluto el orden comercial, pero dan ideas nuevas a la mercadotecnia y a la publicidad: paradójicamente, contribuyen a la renovación y a la creatividad de la mercadotecnia que pretenden abolir. Y añadiría que, si es verdad que a escala planetaria el poder del consumo está todavía en sus comienzos (China y la India apenas han entrado todavía en materia), les esperan muchas decepciones a los antipublicitarios, demasiadas para contarlas.

Sin embargo, estas luchas que proclaman que la felicidad comercial no nos satisface expresan la búsqueda de un horizonte que no sea el del consumo pasajero y la agresividad comercial. Al menos ahí tenemos una buena noticia: el capitalismo de hiperconsumo no ha conseguido trans-

111

formar a los individuos en compradores puros. Es innegable que el orden comercial tiene un poder tremendo, pero no es ilimitado, pues la «tiranía de las marcas» no impide en absoluto las críticas ni guardar las distancias respecto del consumismo. Lo demuestra el aumento de la conciencia antimarca, de la que da fe el éxito mundial del libro de Naomi Klein, así como el empuje del fenómeno de los «alterconsumidores». Vemos igualmente el crecimiento de lo que a veces se llama «atención a la ganga»: no comprar caro parece ahora más inteligente, menos impuesto, más malicioso. Así, conforme se consuma la omnipresencia de las marcas, los individuos se independizan de ellas.

Entonces, ¿no ve usted ninguna virtud en estos movimientos de protesta?

Hablemos claro; no han sido los activistas antipublicidad quienes han favorecido el crecimiento de esta sensibilidad «crítica» o desconfiada. El principal artífice ha sido el propio capitalismo: el *low cost* y el «maxidescuento» han contribuido infinitamente más a distanciar de las marcas al consumidor que los actos de resistencia de los antipublicitarios. En efecto, los artículos de «primeros precios» son ya de buena calidad: entonces, ¿por qué pagar tres veces más por un logotipo? Hay en marcha una dinámica de distanciación y desfidelización respecto de las marcas. Lo que hace al consumidor más experto o reflexivo es este nuevo despliegue del mercado, no las «transgresiones» de los antipublicitarios. Por un lado, la dinámica del mercado que diversifica la oferta y los precios, por otro la individuación de lo social y la debilitación de los modelos culturales de clase, y por último el acceso a más información a través de los medios o de Internet, esto es lo que hace guardar distancias al consumidor, que ahora es más exigente en cuestión de calidad, precios y servicios. En este contexto, el hiperconsumidor ha adquirido un poder y una libertad de elección que no existían antes. Puede variar y combinar las compras, aprovechar una alternativa real en cuestión de precios, acceder a productos o a servicios antes reservados a las clases pudientes (el avión, por ejemplo). Bajo el «fascismo de las marcas» aumenta el poder del *Homo consumericus*. Y si bien hay un aumento innegable de la vida comercializada, es inseparable de una mayor autonomía del consumidor-agente.

Dice usted que nuestro sistema no es totalitario. Pero ¿no se podría ver, en el fracaso de los movimientos antipublicidad para ser subversivos, la prueba de la formidable capacidad de digestión de

113

este sistema que, a fuerza de absorberlo todo, ya no permite la protesta verdadera?

La capacidad de «recuperación» del capitalismo es un tema que está sobre el tapete desde hace cuarenta años. En los años sesenta, por ejemplo, se condenaba la integración de la clase obrera en las estructuras establecidas del capitalismo. Hoy se denuncia el «pensamiento único», la desaparición de los modelos de ruptura, la absorción de las vanguardias artísticas por el carnaval de la Cultura y el Museo. La observación es exacta: todo lo que es «transgresor», radical o subversivo tiende a disolverse en el sistema infinito del consumo y la comunicación. Los hippies y los punkies consiguieron cambiar la moda; la bohemia y el anticonformismo son absorbidos por la nueva burguesía «informada»; las obras transgresoras se venden a precio de oro; el lujo juega a la provocación. Es evidente que las nuevas sociedades liberales «soportan» muy bien las rebeliones, comprendida la que se cree más radical. Si la subversión no existiera, habría que inventarla. Sobre este asunto haré dos observaciones. En primer lugar, se simplifica demasiado cuando se descalifica el fenómeno de la oposición institucionalizada con las sempiternas lógicas de la distinción y el consumo competitivo. Hay algo más profundo en juego: es el culto a lo

114

Nuevo, que es consustancial a la civilización moderna, democrática e individualista, como ya hemos visto. Si la disidencia cultural se absorbe tan bien, no es sólo porque permite establecer diferencias entre lo simbólico y lo social, sino también porque es el ejemplo vivo del principio de lo Nuevo. En segundo lugar, la deglución sistemática de la disidencia no es indicio de neototalitarismo, sino más bien de una sociedad de movimiento e invención acelerados que necesita eliminar parte de sí para renovarse y reinventarse a perpetuidad. Como todo se absorbe enseguida, hay que reintroducir lo nuevo sin cesar. Todo lo contrario de la sociedad totalitaria, que es una sociedad dirigida por el poder político y que se dedica a contener la entrada de lo nuevo. Si hay radicalismo, no está ya en los Grandes Rechazos (anticapitalismo, anticonsumismo, antidesarrollo), que parecen retóricas de encantamiento. Se encuentra en la invención permanente de líneas internas de transformación, en los avances intelectuales, científicos y técnicos que cambian efectivamente lo real sin las ilusiones del izquierdismo cultural. No sufrimos una falta de «negatividad», sino un déficit de «positividad» y de inteligibilidad de la vida. Actualmente, la tecnociencia es más subversiva que la política y que el campo cultural: ella es el verdadero motor de la «revolución permanente» y sin duda lo será cada vez más. En la sociedad hipermoderna, la institución más racional, la tecnociencia, es igualmente el más transgresor, el más desestabilizador de los referentes de nuestro mundo.

Eso que ha dicho de la antipublicidad es una impertinencia. ¿Haría usted la misma observación irónica acerca del altermundialismo? ¿No podría decirse que en el tema de la reducción de la deuda de los más pobres han tenido una influencia positiva cierta corriente del altermundialismo o los trabajos de Joseph Stiglitz?

Las manifestaciones altermundialistas han tenido el mérito, como señala Stiglitz, de fomentar el examen de conciencia entre los gobernantes; ellas llamaron la atención sobre los efectos negativos de la liberalización de los mercados financieros, sobre las promesas que no cumple la mundialización y sobre las insuficiencias de las grandes instituciones económicas internacionales. Han desempeñado sin duda un papel en el proceso de cancelación de la deuda de algunos de los países más pobres, en los acuerdos para el envío de medicamentos genéricos, en el proyecto de ley para crear un impuesto de solidaridad en los pasajes de avión, con objeto de aumentar la ayuda al desarrollo. En este sentido, la corriente altermundialista es un contrapoder útil para hacer visibles las injusticias degradantes y reanudar el debate público.

Pero este aspecto no debe ocultar ni la confusión identitaria ni la pobreza programática del fenómeno. ¿Qué es exactamente el altermundialismo cuando este movimiento se presenta como un mosaico heterogéneo compuesto por tercermundistas, antiimperialistas, nacionalistas de izquierda, marxistas, alternativos y ecologistas? Carente de unidad y movimiento hecho de movimientos, por si fuera poco no propone ningún esbozo de modelo alternativo, ningún programa convincente, ningún sistema de recambio que pueda dar lugar a un mundo liberado de la pobreza y las desigualdades. ¿Poner fin al horror capitalista? ¿Para sustituirlo con qué? Conocemos los calamitosos resultados a que están condenadas las economías dirigidas. ¿«Desglobalizar», reinstaurar las medidas proteccionistas? Eso es olvidar todo lo que el crecimiento económico de Asia oriental, en particular, debe a la formidable dinámica de las exportaciones. Además, ¿quién ignora que el nacionalismo comercial acabaría con las empresas exportadoras? ¿Abolir la «dictadura de los mercados»? Sí, pero ¿cómo? Si «es posible otro mundo», no será precisamente la tasación de los movimientos internacionales de capitales lo que permitirá realizar el gran designio anunciado. La tasa Tobin no basta para impedir los éxodos masivos de fondos de especulación y no habría podido impedir la crisis asiática de 1997. Es de primera necesidad denunciar los errores cometidos por el Fondo Monetario Internacional o el Banco Mundial y enderezar críticas a los «fundamentalistas del mercado». Pero no por eso debemos poner en la picota la mundialización capitalista, que ha hecho que disminuya la pobreza y permitido la alfabetización de millones de personas. No hay una versión única del mercado y podemos construir una mundialización menos anárquica y más preocupada por la justicia social. Pero sobre la forma de llegar a eso, el altermundialismo no dice nada. Plantea problemas a los que no aporta ninguna solución viable. En el bosquejo de otra mundialización influirá más la racionalización del propio capitalismo que las consignas radicales del antiliberalismo económico.

Algunos proponen que haya un numerus clausus *en la adquisición de bienes duraderos, para limitar el consumo. ¿Es igual de inconcebible?*

Vieja polémica: cómo determinar lo que es superfluo y lo que es necesario. ¿Dónde comienzan y dónde terminan las «falsas» necesidades? ¿Se va a impedir a los turistas que viajen en avión porque supone un derroche de energía? Los ene-

118

migos de la vida comercializada tienen razón al decir que la carrera desenfrenada del consumo no da la felicidad, pero su ataque contra lo «inútil» está demasiado impregnado de ascetismo. Algunas de nuestras alegrías se basan en frivolidades, en placeres fáciles, en pequeños lujos: es una de las dimensiones del deseo y de la vida humana. Se puede pensar que esta parte inútil, en las condiciones actuales, es un exceso, pero no hay que buscar su erradicación pura y simple. Sería mayor el mal que el bien obtenido, porque sólo una sociedad autoritaria y antidemocrática puede imponer una alteración semejante de la vida cotidiana. La «sencillez voluntaria» acabaría siendo enseguida sencillez despótica. De todos modos, esta utopía no tiene ninguna posibilidad de realizarse, ya que choca de frente con la aspiración del individuo democrático a los goces fáciles y variados. Esto no impide que se puedan concebir y legitimar medidas limitadoras para reducir, por ejemplo, los consumos más contaminantes, los que más atenten contra el medio natural.

¿Cómo cabría esperar una cosa así en esta sociedad de la decepción? Usted ya ha mencionado la sinistrosis actual, pero hay que esperar algo más que el simple equilibrio entre decepción y placeres: hay que recuperar el gusto por el progreso, por un mundo mejor.

No faltan razones para tener esperanza. Empezando por la propia mundialización, que deja entrever la posibilidad de que miles de millones de personas salgan del subdesarrollo. Que el nuevo orden económico genere desigualdades extremas no debe hacernos olvidar esta dimensión. No hay ninguna razón para no tener esperanza en las ciencias y las técnicas. En los últimos decenios la población ha ganado cada año tres meses de esperanza de vida. Una niña tiene hoy el 50% de probabilidades de vivir por lo menos cien años. Una vida más larga y con mejor salud: casi nada, no despreciemos el placer de ver acercarse este sueño inmemorial de la humanidad.

Pero en un plano completamente distinto hay otra dimensión que debería suscitar algún optimismo. Una característica de nuestras sociedades es que la vida en ellas es cada vez más abierta, es decir, más móvil, no está socialmente predeterminada, se basa en un amplio abanico de opciones, posibilidades y modelos. Sin duda son legión las ansiedades, las depresiones, las lesiones de la autoestima, pero también gozamos de mayor número de estímulos y ocasiones para cambiar las circunstancias. Nuestra época tiene esta característica, que ofrece multitud de puntos de apoyo para cambiar y combatir más rápidamente las desdichas que nos afligen. En la época hiperindividualista, la vida permite más recuperaciones, alternancias y cambios frecuentes: es una sociedad que se dedica a fomentar la «resiliencia», la posibilidad de salir de una cosa introduciéndose en otra. Al abrir el futuro y sus opciones, la sociedad hipermoderna aumenta las posibilidades de poner al individuo en movimiento, de rehacer su vida, de recomenzar con otro pie. Si bien son numerosas las insatisfacciones y las decepciones, también lo son las ocasiones de librarse de ellas. La sociedad actual es una sociedad de desorganización psicológica que es inseparable de un proceso de relanzamiento subjetivo permanente por medio de una multitud de «propuestas» que renuevan la esperanza de felicidad. Cuanto más decepcionante es la sociedad, más medios implementa para reoxigenar la vida.

¿No es eso ilusorio y artificial?

La ilusión es también uno de los medios para salir del pesimismo. Desde este punto de vista hay una sabiduría de la ilusión. Aunque la sociedad individualista de la hiperoferta nos pierde, nos salva al mismo tiempo porque nos presenta más oportunidades de redinamizarnos y dedicarnos a nuevos objetivos. No hablamos de «tiranía de la felicidad», aunque vivimos en una sociedad en que nos sentimos culpables por no ser felices. Porque hay otra dimensión: está en que la creciente oferta de felicidad (espectáculos, viajes, juegos, deportes, técnicas psicocorporales) redunda en un aumento de razones para esperar una mejora aceptable de nuestra suerte. ¿Aumenta la esperanza las ilusiones y las decepciones? Sin duda, pero ¿cómo vivir sin esperanza, sin la idea de «otra cosa»? El grado cero de la esperanza es el horror. ¿Cómo no entender que las invitaciones a la plenitud permiten también confiar en un futuro diferente y nos ayudan a modificar los elementos insatisfactorios de nuestra vida? La época hipermoderna contiene muchos defectos, pero al menos permite imaginar y emprender cambios más frecuentes en la vida personal: da acceso a las posibilidades al ofrecer multitud de fórmulas para la felicidad.

Vemos un recrudecimiento de las críticas contra el capitalismo de consumo. ¿En qué medida es posible reducir el exceso de la vida comercial? Más exactamente, ¿nos permite la sociedad diversificar suficientemente nuestros objetivos vitales fuera del campo del consumo?

Denunciar en bloque el cosmos del hiperconsumo me parece infundado. No todo en él es negativo, ni mucho menos. Pero sobre todo es que esos dardos no son una forma eficaz de contrarrestar los perjuicios o los excesos del consumo. No se reducirá la influencia del consumo en nuestras vidas por condenarlo en nombre de principios morales e intelectuales. Nada reducirá la pasión consumista, salvo la competencia de otras pasiones. Cómo no recordar aquí la proposición VII del libro cuarto de la *Ética* de Spinoza: «Un afecto no puede ser reprimido ni suprimido sino por medio de otro afecto contrario y más fuerte que el que hay que reprimir.» Extrapolando esta perspectiva, el principal objetivo que debemos fijarnos es ofrecer metas a los individuos, fines capaces de motivarles fuera de la esfera del consumo. De este modo, y sólo de este modo, podría frenarse la fiebre compradora. Pero ¿por qué exactamente hay que fijarse como meta la reducción de la vida consumista? No porque el consumo sea el mal, sino porque es excesivo o exagerado y no puede satisfacer todos los deseos humanos, que no son sólo deseos de goce inmediato. Conocer, aprender, crear, inventar, progresar, ganar autoestima, superarse figuran entre los muchos ideales o ambiciones que los bienes comerciales no pueden satisfacer. El hombre no es sólo un ser comprador, también es un ser que piensa, crea, lucha y construye. Deberíamos guiarnos por esta máxima de «sabiduría»: obra de tal modo que el consumismo no sea omnipresente ni hegemónico en tu vida ni en la de los demás. Y eso para que no termine por ser devastador. Que es lo que tiende a ser en particular entre las poblaciones más marginadas, que no tienen otra meta que comprar y comprar cada vez más. En este plano, el consumo-mundo es peligroso: aplasta las demás potencialidades o las demás dimensiones de la vida propiamente humana. Debemos luchar contra las violencias o las desestructuraciones del hiperconsumo que no permite a los individuos construirse, comprender el mundo, superarse.

Para que eso suceda no sirven de gran cosa las lamentaciones de los moralistas. Tenemos, más que nada, que desarrollar una política que yo calificaría de inseparable de una ética de las pasiones, que parta de la idea de que el hombre está hecho de «contradicciones», como decía Pascal. No hay por qué poner en la picota la satisfacción inmediata del consumismo; tampoco hay que ponerla por las nubes, dado que no se adecua a las necesidades formativas de la persona, por lo menos desde una perspectiva verdaderamente humanista. Es imprescindible dar a los niños y a los ciudadanos en general marcos y puntos de referencia intelectuales que la vida consumista no hace más que revolver y trastornar. También es necesario, mediante una auténtica formación, ofrecerles horizontes vitales más variados, en el deporte, el trabajo, la cultura, la ciencia, el arte o la música. Lo importante es que con estas pasiones pueda el individuo relativizar el mundo del consumo, encontrar el sentido de su vida al margen de la adquisición de bienes incesantemente renovados. Pensemos en los grandes creadores, en los grandes empresarios, en los grandes políticos: lo que les motiva y carga de energía su existencia no son los goces consumistas, sencillamente porque su actividad o su trabajo les resulta mucho más estimulante.

Esto necesita nuevos proyectos políticos y pedagógicos, porque la mecánica del mercado no bastará: no estará a la altura de esta tarea. Harán falta la intervención del Estado y de las familias, la participación de la escuela, medidas voluntarias en favor de los desprotegidos, con objeto de que la adquisición hedonista de bienes comerciales no parezca el alfa y la omega de la vida.

Y esa democracia posconsumista por la que usted hace votos, ¿tiene alguna posibilidad de existir?

Estoy convencido de que llegará un día en que la cultura consumista no tendrá ya el mismo impacto, la misma importancia en la vida de las personas. A fin de cuentas, esta cultura es una invención reciente en la historia: comienza su andadura a fines del siglo XIX y adquiere una fuerza considerable a partir de la década de 1950. A la escala de la historia humana es un pequeño pa-

125

réntesis. ¿Cómo imaginar que una cultura sea eterna? Por lo demás, aunque tenga méritos no despreciables, la civilización consumista es inseparable de sombras notables. Desestructura a los individuos volviéndolos frágiles a nivel psicológico. La felicidad de las personas no progresa en proporción con las riquezas. En pocas palabras, no está a la altura de las más altas expectativas humanas. Dadas estas condiciones, la primacía consumista recibirá el finiquito en el futuro. Evidentemente, aún no hemos llegado allí. Por el momento, sólo una minoría del planeta apoya este modelo, los demás se apelotonan en su puerta [la de la civilización del consumo], entusiasmados ante la idea de gustar sus frutos lo antes posible. Pero a largo plazo, inevitablemente, se producirá una «transvaloración de los valores». No pienso de ningún modo en nada parecido a un «superhombre» ni en una revolución del modo de producción, sino más bien en una transformación cultural que revalorice las prioridades de la vida, la jerarquía de los objetivos, el lugar de los goces inmediatos en el sistema de valores. En un momento dado, las personas encontrarán la sal de la vida al margen del hedonismo consumista, sin que por ello la humanidad salga de la era democrática: se organizará una especie de «democracia posconsumista». Se construirá un nuevo ideal de vida que, sin hacer las paces con el

126

principio ascético, ya no tendrá por eje estructurador y predominante los goces de la felicidad comercializada. Aparecerán objetivos nuevos con capacidad para tirar de la fuerza de vivir y que abrirán otros caminos hacia la felicidad.

Por una de esas ironías que gustan a la historia, Nietzsche («Endureceos») y Marx («El trabajo, primera necesidad de la existencia») podrían servirnos de profetas, no del superhombre ni del comunismo, sino de la sociedad de poshiperconsumo.